「贾相佑举办"中国首届社群群主群英会"」

贾相佑举办"中国第三届社群群主群会"演讲大会

贾相佑在贵阳举办"引爆利润率"演讲

贾相佑在西安举办"社群运营高峰对话"全国巡讲

贾相佑在南宁举办"微信社群群主群英会"全国巡讲

贾相佑举办"超级群主密训班"第二届密训班

10天玩转社群

贾相佑 —— 著

图书在版编目（CIP）数据

10天玩转社群 / 贾相佑著. — 北京：企业管理出版社，2018.10

ISBN 978-7-5164-1803-1

Ⅰ. ①1… Ⅱ. ①贾… Ⅲ. ①网络营销-基本知识 Ⅳ. ①F713.365.2

中国版本图书馆CIP数据核字（2018）第234833号

书　　名：	10天玩转社群
作　　者：	贾相佑
责任编辑：	陈　静
书　　号：	ISBN 978-7-5164-1803-1
出版发行：	企业管理出版社
地　　址：	北京市海淀区紫竹院南路17号　　邮编：100048
网　　址：	http://www.emph.cn
电　　话：	编辑部（010）68701661　发行部（010）68701816
电子信箱：	78982468@qq.com
印　　刷：	天津盛辉印刷有限公司
经　　销：	新华书店
规　　格：	170毫米×240毫米　16开本　11.5印张　144千字
版　　次：	2018年10月第1版　2018年10月第1次印刷
定　　价：	69.00元

版权所有　翻印必究　·　印装有误　负责调换

策划手记

抓住社群红利,时代就是你的

文 / 李鲆

在如今的移动互联网时代,社群作为一个大型流量入口,吸引了许多中小企业、个体零售商、电商、微商。大家纷纷建立属于自己的社群,为自己的企业、品牌宣传推广,从而培养出了一群忠实粉丝,一定程度上解决了复购问题。

因此,社群其实是一个行之有效的流量转化途径,背后自然也有一套严密的商业逻辑。

很多人认为,建立一个社群,将弱关系粉丝聚集在一起,然后定时投放广告,就是社群营销,这种想法明显大错特错。

社群作为新时代红利风口,实际运营起来当然不可能那么简单。建立起社群后,如何激活社群生命力?如何持续聚粉?如何打通线上和线下?如何变现?……这些问题本书作者贾相佑都在《10天玩转社群》里给出了答案。

贾相佑是700多个社群的总负责人。通过运营社群，他成功实现了销售知识、推广产品、树立品牌形象等目标。社群不仅为他和团队带来丰厚的利润回报，也让他拥有了数以万计的粉丝。

可见，如果能成功运营社群，困扰大部分企业的经营难题都会迎刃而解。

高成本、广撒网、效率低的传统营销方式对中小企业来说负担太大，成本低、定位精准、回报快且高的社群营销方式，才是中小企业的出路。

《10天玩转社群》揭秘了贾相佑运营社群的技巧，他凭借自己十年互联网营销经验总结出的社群牧场系统，效率高、裂变快、可供复制。想要开拓社群营销渠道的企业经营者，以及想通过运营社群增加收入的个体经营者，只要对这套系统多加琢磨、学习，必定会对社群营销模式有更深的体会。

现在这个时代一切事物都在飞速变化着，电商红利还在持续，微商红利仍旧火爆，社群红利又悄然萌芽。停止观望，立刻行动，抓住社群红利，时代就是你的。

微信号：276527980

资深出版人，策划出版多部畅销书，著有《畅销书浅规则》
《畅销书营销浅规则》《微商文案手册》等

推荐序1

从传统营销进化为社群营销

马一鸣

中国演说训练导师

贾相佑是实战派的营销专家,在移动互联网营销领域有着超凡的造诣,其创立的社群牧场系统在社群营销领域独树一帜,取得骄人的成绩。

我们集团就是一个非常成功的案例,公司创办之初一无所有,完全从零开始。采用这套优势前沿的社群系统后,只用了两年的时间,就与全球30多个国家的经销商达成合作。因此，我认为这样的营销系统值得深层次地解读和研究。

随着时代的改变，营销的手段和方法更新换代的速度也越来越快。传统的营销逐渐跟不上时代的步伐和节奏，新的营销方式不断冲击着人们的思维和认识。

社群营销系统能够更好地解决几个问题：客户在哪里？如何建立信任关系？如何沟通成交？如何最大化节约成本？如何最大化提高黏性？这五大难题通过社群系统都能够得到很好的解决。

《10天玩转社群》是贾相佑实战的结晶，以贾相佑精益求精的精神、强大的学习力、超凡的执行力，我有足够的理由相信这本书能够帮助读者全方位提高营销技巧！

推荐序 2

社群营销是新时代的营销利器

彭冉才

脑革命营销商学院院长，脑革命营销创始人

很感谢贾相佑老师的邀请，让我为他的新书《10天玩转社群》写推荐序言。在我看来，这本书是中小企业老板、个体创业者以及营销人士必读的一本书！

受到互联网对实体经济的冲击和全国经济增长放缓的影响，很多大型企业的发展都已经举步维艰，中小企业的生存就更加困难。如今每年都会涌现大量创业公司，绝大多数从一开始就面临着生死考验。

同行越来越多，获取新客户的难度越来越高，老客户流失的速度越来越快，营销成本越来越高。最后，别无他法，各大企业只能选择打价格战，这就导致利润越来越低。

随着移动互联网时代的到来，传统商业思维、传统营销方式已经不适用于当前的环境。

2015年，社群的爆发为我们提供了新的营销思路——从以经营产品为主变成以经营人为主。这种新的营销方式，很大程度上降低了企业的风险和营销成本。因此社群营销成了中小企业和个体创业者的营销利器。

遗憾的是，大多数中小企业和个体创业者都不会做社群营销。社群营销并不是建立一个微信群，把客户拉到群里那么简单。

这样的微信群每个人的微信上都有很多，但是这些群并不能产生多少商业价值。

《10天玩转社群》这本书诞生后，我相信会改变这一现状。书中的内容都是贾相佑老师本人实操过的，他在2016年的时候开始经营社群，两年时间经营了700多个社群。这700多个社群产生了巨大的商业价值，他通过社群把产品销往全球34个国家，创造了神话般的销售业绩。

这本书汇聚了700位群主大咖经营社群的宝贵经验，更重要的是，本书把这些宝贵的经验总结形成了一套可以复制的系统。大量成功的案例和实用的方法，给读者呈现了一个完整的社群营销模式。

我自己也是一名营销人，有近10年的市场营销经验，在2015年就开始做微信社群，通过社群孵化出了项目，项目的第一批种子用户都是通过社群的方式积累的。同时我也指导了很多中小企业老板利用社群营销的方式低成本获取客户、维护客户，从而帮助企业提高了利润。

因此，我认为自己对社群营销比较了解，但是看完贾相佑老师的《10天玩转社群》，我对社群营销有了新的认知。

我相信，这本书一定能为想要学习社群营销的中小企业老板、创业者们，带来巨大的收获！

推荐序 3

社群营销助力企业金融发展

涂涛

中国互联网协会"互联网+"产业融合服务工作组社群专家，中投金服集团创始人，重庆易捷通企业孵化器管理有限公司副董事长

我是涂涛，在此对贾相佑老师力作《10天玩转社群》表示真诚祝贺，很荣幸为本书作序。

艾瑞调研数据显示，社群在自身的营销推广方面常使用的渠道主要包括社交平台（58.3%）、自建平台（55.6%）和线下活动推广（55.6%）。41.7%的社群选择社交平台作为最常使用的营销推广渠道，另外还有30.6%的社群将自建网站或自建App作为最常使用的营销推广渠道。

由于我多年从事金融服务工作，下面以社群金融服务为例，阐释社群如何运营金融工具为社群服务。

在社群组织内部进行筹集资金并运营某个项目，除了需要获得出资人的认同外，还需要出资人具备一定的出资能力。而出资能力，不仅仅体现为现金存款，也包括信用资产。

目前，随着社群的快速发展，其自身形态更加多元，涉及的产业也更加丰富，产业间的合作与融合进一步加深。"我是演说家"俱乐部以社群自身产业链为核心，在内容、硬件、数据挖掘、支付与金融方面具有较大发展空间。

同时，社群经济也由于产业环节的增加而产生更多的新兴模式，项目孵化、众筹、众包、信息对接与深度合作等都将成为新的机会点。

对广告主及品牌商来说，网络社群逐渐成为其推广与营销的重要手段。"品牌+产品+社群"的模式逐渐得到品牌商的认可和重视。

社群对于品牌形象与品牌温度方面具有良好的提升效果，是品牌形成自身用户忠诚度的有效手段。海尔、宝马、探路者、耐克等品牌均已根据自身的产品特色和品牌定位建立属于自身的品牌社群，并进行精心的运营，从而助力自身收入的增长。

同时，品牌与相关网络社群的合作也成为另一种主要互动模式。

未来社群在内部与外部都将进行更加系统化的发展。

从内部而言，网络社群需要从社群用户的需求与兴趣出发，不断加强社群内部的联系与社群文化的建设，在管理与运营层面向更加专业化、体系化方向发展。

从外部而言，社群品牌的定位和品牌形象的建立则成为更重要的部分。社群品牌化是其更进一步进行商业化发展的重要环节，与用户产生品牌共鸣，进而培养社群用户的品牌忠诚度，才是网络社群拓展商业模式的核心与关键。

自序

社群营销的创新：牧场思维模型

文 / 贾相佑

一个好社群的标准是什么？我认为能创造经济价值的社群，就是一个好社群。

因此在创建"我是演说家"俱乐部社群时，我就以创造经济价值为目标，努力将它打造成了我心目中的好社群。

短短2年，俱乐部从2个社群发展到近700个社群，市场覆盖多个国家和地区，如今我可以自豪地说，"我是演说家"俱乐部就是一个好社群。

在运营社群之前，我们也尝试过采用传统营销方式，去推广宣传自己的产品。在此过程中，我们投入了大量的资金，进行产品市场推广；花费了大量时间培养客户的信任度；耗费许多人力物力去做公关以促进成交……但是我们收获的回报，远远低于我们投入的成本。

后来，接触了社群营销，我决定通过运营社群销售产品。在运营"我是演说家"俱乐部过程中，我们逐渐培养出了属于自己的品牌粉丝，再加上社群牧场系统的运用，成交变得越来越轻松。

什么是社群牧场系统？社群牧场系统是我创建的一个牧场思维模型，指的是把运营社群看作是经营一个牧场。

其中，社群牧场系统中，又有五大子系统，它们分别是：拉群子系统、养熟子系统、成交子系统、服务子系统、裂变子系统。由于其结构复杂、精细，在书中我特地用了一个章节来描述社群牧场系统的定义、优势，以及具体操作方式。

《10天玩转社群》是我运营社群多年的经验总结，我希望这本书能帮助各位中小企业家、创业者通过社群牧场系统打造个人品牌价值；帮助企业从重资产经营转型轻资产运营，摆脱囤货重压，引爆企业利润！

第一章 社群时代

社群的前世今生 /2

社群的五大类型 /8

新时代社群营销 /20

第二章 社群组建

构成社群的三个要点 /36

高效运营社群的策略 /53

如何激活社群生命力 /67

第三章 社群牧场系统

什么是社群牧场系统　　　/74

社群牧场系统的优势　　　/79

社群牧场系统的五大子系统　/82

第四章 线下团队

社群线下发展的重要性　　/110

组建社群线下团队步骤　　/113

举办社群线下活动攻略　　/125

第五章 社群经济

社群变现　　　　　　　　/130

社群场景是核心　　　　　/139

第六章 社群未来

社群为什么能引爆企业利润　　/144

如何通过社群引爆企业利润　　/149

未来的社群该如何做　　/151

/ 第一章 /

社群时代

旧红利在消退，新红利在崛起。在移动互联网时代，社群红利造就了组织在线上线下的聚集效应。不管是企业，还是个人都看到了社群的巨大潜力，都想抓住社群风口带来的红利。因此，想要抓住社群红利，现在就要开始了解社群，做好准备。

 # 社群的前世今生

线下社群发展

社群是近几年互联网的热词,追溯历史,社群从人类初期就一直存在。

社群源于人类早期生存的部落——母系氏族部落、父系氏族部落等。

人是群居动物,人类社会早期的原始部落,是为了更好地生存而形成。旧石器时代中、晚期,远古社会由原始人群居阶段进入母系氏族社会。而后发展至距今5000年左右,遍布中国大陆的部落,先后进入了父系氏族社会。

人类文明时期,由于商业的发展,明清时期出现以商帮为代表

的社群。这个时期的社群以地缘性为依托，商帮的发展，推动了中国政治文化经济的发展。

无论是人类早期的部落社群，还是到后期人们以经济利益为契机而组建的商帮、国际组织，其性质都属于一种外在体现。随着社会越来越发达，大部分人开始期待在内在的空间找到价值认同感和归属感。

互联网时代的到来，帮助人们实现了内在群体的归属，并打破了区域限制。

线上社群发展

智能互联网的发展，推动了社群经济的全面到来。它改变了互联网经济早期拼规模、拼流量的模式。

随着手机成为万物互联的主要工具，在智能互联网时代谁掌握了"连接"的技术和渠道，谁能构建智趣社群并运营好社群，谁就是商业的主宰。

QQ 群是 80 后比较熟悉的社群部落，没有微信前，大部分人习惯以 QQ 群集结拥有相同爱好的人。除此之外，还有豆瓣、天涯等论坛，也聚集了大批活跃的用户。这一时期，是社群的形成阶段，也就是社群 1.0 时代。

后来发展到2.0时代，社群有了不同的标签，比如校友群、书友群等。网上也逐渐出现一些由一群人建立的网上社区、专属论坛。这一时期与1.0时代的区别在于，1.0时代是人们在用户聚集的地方"抱团"，2.0时代则是拥有相同兴趣爱好的人，自发组建平台，指向性较强。

如今社群已经发展到3.0时代，任何社交需求及行为最终都会落实到人。平台、生态、工具只是辅助升级社群形态的手段，聚合智能互联网社群并发能量。

"罗辑思维"应该是社群经济最早的定义者和实践者，可以说是罗振宇将"社群"一词推向了大众视野。

未来，社群中任何一个需求或兴趣，最终都有可能演变为商业目的。整个社群体系中，巨大的人脉能量和商业拓展能量，是最值得我们去想象和开发的板块。

智能互联网社群将连接一切，平台通过提供更具个性化的工具，打通服务与消费链条，从而延展商业链条，发现商机。智能化的社群，会渗透到社会生活的方方面面，比如信息传递、沟通交流、工作学习、情感互动、购物消费等。

毫无疑问，这将会对整个社会的生活方式、消费模式、商业规律产生颠覆式的影响。

著名财经作家吴晓波指出，社群经济的红利，内容为王。但仅仅靠内容是不够的，人们期待在吸收干货的过程中，参与到商业运营中来，自己既是受众又是合伙人，最好还能是平台的股东。

付费微课堂的社群多停留在线上，企业通过招收代理、授予课程的转播权和推广权获取利润，不难看出，这仍然是单项输出。

人们在经历传统生意三角债的困扰、直销无法快速理想裂变、微商大量囤货、互联网金融泡沫的阵痛后，一部分人开始尝试建立一套社群营销系统，彻底解决个人成长、产品、资金问题，实现经济和精神层面双赢。

社群经济效益

罗振宇认为互联网必然会给媒体业带来根本性的冲击。由于传播介质的互联网化，受众人群和信息消费模式都将碎片化，传统大众传播将越来越难以奏效。

未来的传媒将不再以信息为核心，取而代之的是人格。人格魅力（个人品牌）将是新媒体时代最关键的传播节点。在这一背景下，受众就会被动细分，所有人会基于兴趣和对不同自媒体人的喜爱，而发生分化与重组，最终形成一个个高黏度、高聚合力的社群组织。

与大众传播下的大规模经济模式不同，未来社群组织的生存将遵循范围经济的逻辑。几乎所有的行业都经历了多年的冲击和转型，社群经济也不例外。它从线下商业模式转变成线上商业模式，又从互联网到智能互联网，这就表明了，社群经济将会迎来一个新的商业变迁趋势。

事实上，社群媒体现在已经完全改变了消费者的行为，因此现今商业模式也随之被颠覆。对企业而言，由于众多消费者对社群媒体的依赖日益加深，他们已无法用传统广告打动消费者。

如今还屹立在商场顶端的企业，都已将社群媒体视为庞大焦点团体，以及迅速和消费者交流的工具。

相对于传统商业模式，社群经济更注重持久的情感联系。因此在此基础上，社群经济引发了一系列的粉丝效应、品牌价值，能为公司带来长期而稳定的收入。

近期大热的网红、直播等新兴产业，都是社群经济的表现形式。社群经济可以说是互联网人口红利，从粗放期过渡到平缓期的产物。因此，许多人就将社群经济视为移动互联网再创业的"风口"。

社群组织的互动机制不是自上而下、一对多的传递关系，而是社群粉丝之间的横向交互关系。信息、资源、创意等在横向交互中不断被激发出来，进行内容和价值的再生产，因此社群发展到一定程度会自我运作和自我增值。

社群交互的实时性，激发了用户的参与度、主动性和创造性。通过社群内的交流互动和分享协作，催生群体智慧和价值再造。

社群商业能够帮助企业建立起一个高效的营销生态圈，在这里面企业可以直接和用户通过社群平台建立连接。

社群商业的最大优势就是和用户产生情感连接以及用户管理，融合智能互联网全营销运营系统，便于构建流量共享、黏性交互、资源共享的平台。智能互联网下的社群商业将势不可挡！

社交不落幕，社群永不落幕。社群的核心就是产生无限的连接，满足人们对社交的需求。而且人们的生活从线下转到了线上，人们手机不离手的习惯与线上线下互相打通的社会现状，是社群红利持续井喷的根本，也就是说社群红利周期是永久的。

社群的五大类型

产品型社群

产品型社群,顾名思义就是因为产品而聚集起来的社群。该概念是从互联网思维延伸出来的,与传统企业"贩卖服务体验"相比,互联网时代更重要的是产品。因为产品既承载了功能属性,也包含了趣味与情感。

比如,你有一个很好的产品,哪怕这个产品尚未成型,甚至只有一个概念,你都可以基于这个产品来形成一个社群。优秀的产品会吸引大量的用户和粉丝群体,所以,产品本身就是连接社群和用户的优质工具。

简单来说,产品型社群,就是人因产品聚合而成的社群。

这一类型的社群,发展初期就已经有了对这个产品十分热爱的人群,我们将这些人称为该产品的粉丝。

这些产品社群，与传统企业的区别在于，虽然它们有实体经营的产品，但它们的产品销售方式，是颠覆传统的。

产品型社群充分利用了线上社群的影响力、传播力，能更好地激发粉丝的参与度和活跃度，最终带来线下销售的辉煌奇迹。

产品型社群会逐步发展，最终形成品牌型社群。消费者对产品的热衷也会慢慢地变成对品牌的认同。

品牌社群更多是建立在情感基础上，比如小米从手机出发，后来演变出"高性价比产品"的价值认同。一开始，大家是被小米手机所吸引，后来消费者对小米这一个品牌，有了深厚的情感，于是即便小米之后推出的不再是手机，而是空气净化器、扫地机器人、智能机器人等，消费者也会愿意去购买。

由此，小米就形成了品牌社群，获得了品牌价值。

对于产品型社群，只要产品一直能够吸引人，这个社群就一直存在。但是我们从很多产品社群的兴衰来看，仅有一款产品，是无法维持一个社群持续运转的。

消费者对一款产品的热爱之情会随着时间慢慢消耗，久而久之，就造成社群用户流失，简单来说，就是愿意购买这款产品的消费者越来越少。所以，产品型社群可以先靠一两款产品把大量粉丝聚集起来，而后就需要不断地增加产品。

需要注意的是，产品属性多种多样，无论是有实物的产品，还是培训、咨询等服务，都可以理解为一个产品。

以俱乐部社群为例，我们的课程就是产品，前端我们可以通过课程吸引用户关注，后端就可以靠实体产品，支撑社群持续运转。

即便产品型社群主要以产品为主，但是在社群内销售的产品，应该符合社群调性，最好再具备差异性、地缘性、独特性，否则也很容易导致辛苦建立的社群关系崩塌。

对于产品变现，社群有个天然优势，就是可以满足手机用户的需求，让用户参与社群互动，建立信任。有信任就有成交变现的机会，在此情况下，产品好，消费者就会更愿意去购买，产品社群自然也就会变得更好了。

兴趣型社群

兴趣型社群就是由各种各样的兴趣小组形成的，这些兴趣可以是体育、艺术、读书、画画、音乐，也可以是炒股、汽车、医学等。

互联网突破了时间、空间的限制，具有无限延展性，实现了人的自由聚合。因为大家都对同一件事情具有热爱之情，聚集起来后，就很容易产生共同话题。比如新浪，早期就是一个以体育为核心的兴趣型社区。

以往人们想要寻找拥有共同兴趣爱好的伙伴，需要花费大量的时间与精力，如今通过网络，大家很容易就认识到志趣相投的朋友。当结识的朋友越来越多，这一个兴趣群组的人就会自然而然建立起兴趣型社群。

因为需求的个性化和兴趣的多元化，兴趣型社群种类繁多，并各具差异化优势。

在追求自由化、多元化、个性化的社群时代，即使是非常微小的兴趣，都能找到同类的人组成社群。

在兴趣型社群里，个人的兴趣因为与社群用户持续的互动和交流，而得到共鸣和放大，因此相对于其他类型的社群，兴趣型有以下几个优势。

兴趣型社群更加稳固，不容易解散。

吸收新用户相对来说比较容易，只要是具有相同兴趣爱好的人，都会愿意加入社群。

不需要组建者花费太大力气活跃社群气氛，围绕着共同的兴趣爱好，用户更乐于交流互动。

兴趣社群之间是个庞大的交叉体，一个人可能有多个兴趣，多个兴趣社群可能有重合的人群，这加速了兴趣社群的裂变与传播。甚至不同兴趣社群之间能够串联成整体。兴趣型社群蕴含着巨大的商业价值，具有非常诱人的商业空间。

门槛较低，是冰箱、汽车这类低频消费产品的侧面切入方式。比如冰箱的购买者通常是主妇，就可以通过厨艺兴趣群、花艺布艺群等与主妇相关的社群聚集精准用户。

兴趣型社群运营方式更为灵活，主要围绕以下几点展开。

主要以互动为主

兴趣型社群主要以互动为主，每个加入社群的人都是因为共同的爱好，所以社群用户的特点就是爱聊天、喜欢比较。在这个环境下，组建者要少提赚钱，以免引起社群用户的反感。

创建此类社群，组建者要放平心态，不要过多地寻求快速的增长和收益，更多是为社群用户提供一种精神肯定和情感交流。

每个用户都渴望通过展示自我，得到别人的肯定，当他们收到别人称赞的话语、羡慕的目光时，就会得到极大的满足感，这也是这类社群的一种意义。

兴趣型社群的隐藏式销售

由于我们消耗精力和时间运营社群，主要目的是为了追求利益。因此即使此类社群不适合提赚钱，也可以通过其他方式获取利益。比如组织线下活动、销售与兴趣爱好相关的产品等。

组建者可以利用线下聚会的机会赚取一定利润，比如聚会时，组建者可以把大家拉入自己的场地进行付费活动，每个人分担少部分价格，用户还是很容易接受的。总归大家还是懂礼节的，不会让群主一人负担所有开销。

活动后的就餐时间也有很多赚钱机会，比如介绍用户到自家餐馆就餐，进行隐藏式销售。类似的方式很多，主要还是学习思路，不多举例子。

注意帮助社群用户提升

由兴趣爱好聚集起来的人群，必定会涉及提升的问题，用户们都希望在自己喜欢的领域，不断提高自己的技巧。

比如通过烹饪创建的厨艺社群，除了分享烹饪技巧资料，还可以定期进行线下烹饪实践。一方面可以增强用户的互动，使社群氛围更好，另一方面也让烹饪新手有机会晋升为高手，之后可以提供的服务机会才更多。

知识型社群

一般来说，我们现在所说的知识型社群，就是指个体出于学习目的，为了获取和分享知识，而创建的社群。本质上，知识型社群是兴趣型社群的一种。但由于知识付费的浪潮兴起，知识型社群被列为单独的社群类别。

现阶段的领头社群几乎都是知识型社群，比如黑马会、吴晓波读书会等，都是以优质内容为引流或者变现手段形成自己的社群圈子。

如今非常热门的"知乎"平台，也是典型的知识型社群，它主要是通过网友问答和知识分享，为社群用户源源不断地提供高质量的知识信息。

为什么知识型社群如此热门？

首先，从时代背景来说，经济的大发展使人们在物质方面获得了较大满足，而且生活水平也得到了较高提升。这时候，人们就会更加关注内在精神层面的补充，于是非常乐于参加各种形式的学习团体。

其次，新时代的青年，对知识的追求和对理性的崇拜比以往更热烈。他们更有思考力，对自己的追求和渴望也更加了解，于是迫切希望通过对知识理性的学习，进行自我提升。

最后，知识焦虑是这个时代的城市青年普遍的痛点。

种种原因，使知识型社群成为社群经济中的中流砥柱，许多想从社群经济中获取红利的企业、个人，最先选择创建的都是知识型社群。

知识型社群吸引来的用户都有很大的上进心，这样会使社群的发展更加迅速，规模也更大。因此，自媒体、网红都在朝这个方向转型。

这类社群的优势在于"产品"比较轻，变现的方式比较清晰，市面上的辅助工具也比较全面。当然前提是自己能生产内容，或者能联系到提供内容的人。

例如"我是演说家"俱乐部社群，最初便是以微信为基础的线上学习型平台，致力于为人们提供营销、演说、销售、沟通、领导力等方面的课程。通过短短两年时间的运营，我们从两个社群，发展到700多个，还创建了收费型知识社群——"我是演说家"商学院社群。

与产品型社群、兴趣型社群等相比，知识型社群更具普遍性、典型性。

完整的知识型社群，应该要包括实体知识社群和虚拟知识社群两个部分。

实体知识社群

实体知识社群，相对于虚拟知识社群来说，社群用户有实际接触。比如定期举办的读书会、知识讲座、知识评鉴、专家演讲、教育训练等，以实际运作的过程来进行知识分享。

在此过程中，用户可以通过面对面的接触、直接的交流，在第一时间得到实质的回馈、响应。

虚拟知识社群

虚拟知识社群则是透过社交平台，让用户彼此实现随时随地交流，提供文件与想法，并和志同道合的同伴，针对共同的兴趣或主题，远程进行交流。

一般来说，虚拟知识社群也可以举办读书会和课程，授课老师可以借助图像、语音、视频等方式，在线上与用户实现课程交流、知识分享等活动。

人脉型社群

人脉型社群，也是一些人眼中的高端社群。有人误以为，人脉型社群就是将自己身边的同学、亲戚、朋友聚集起来，组一个社群。

一般来说，由熟人组成的社群，属于关系型社群，但是关系型社群并不适合升级为商业性社群，不符合社群经济。为什么？试想一下，一个都是熟人的社群，怎么升级成付费社群？怎么利用商业手段赚取利润？

因此，人脉型社群不等于关系型社群。想要彻底了解人脉型社群的定义，首先要知道什么叫人脉。

人脉就是你的人际关系网络，就是你身边可以利用的熟人资源。但是，人脉并不直接等同于朋友，换句话说，不是你认识的人越多，你的人脉就越丰富。而是在你需要帮助的时候，有多少人可以给你提供帮助，这才叫有效的人脉。

人脉的好处相信大家都体会过，当别人拥有丰富的人脉资源，而你没有时，那么同一个问题，你可能费了很大力气都解决不了，别人却可以轻轻松松地做到。反之，当你拥有了丰富的人脉资源后，别人无法做到的事情，你可能只需要拨打一个电话，就搞定了。

这就说明，人脉越宽，可以选择的道路也就越多，办起事情来也更加容易。

人脉型社群，就是基于人脉对于人类社会所产生的巨大影响力所产生的。这类型的社群目的很简单，就是利用社群拓宽人脉，或是对原本的人脉加以强化，从而实现社群用户之间的资源对接、技能互补。

众所周知，社群是维系人脉关系的有效途径，而人脉型社群就是拓展人际关系边界的一种手段。

什么叫拓展人际关系边界？其中有两层意义，一是以钱为代表的物质资源的增加；二是知识技能等精神层次的升华。

假设你是做互联网生意的，无意中得到一个加入付费型人脉社群的机会，社群用户都是类似马云、马化腾这种互联网重量级人物，可想而知无论入群费是多少，你都会迫不及待地想要加入。此时，你也不知道自己加入社群后会得到什么实质性的利益，但你明白这个机会自己不能错过。

也就是说，你加入人脉型社群，你将会得到更多机会，对于你的事业、未来都会有不可估量的帮助。

基于这种心理，人脉型社群往往是人们趋之若鹜的社群。即便人脉型社群门槛高、会费贵，也有一堆人挤破了脑袋想加入人脉型社群。

现今比较火爆的人脉型社群就是正和岛，由于它聚集了国内外知名企业创始人、高管，因此它在短时间内就成了国内高端社群之一。

要注意的是，人脉型社群不是随随便便都可以搭建的。相较于其他类型的社群，人脉型社群搭建难度较大，并且对搭建者自身要求也较高。

人脉型社群创建者必须是在某一个领域十分具有影响力、地位较高的人。这样你才能吸引地位与你相同，或地位比你高的人。试想一下，一个有点名气的网红，想要搭建一个娱乐圈高端人脉社群，有可能吗？

不可能。有点名气的网红，也许能够吸引同行业粉丝较多、收入较高的网红、主播等，却没办法接触到娱乐圈的明星、导演、主持人等，自然也无法搭建娱乐圈高端人脉社群。

因此，虽然人脉型社群相较于其他社群更具有发展性、商业性、高端性，但搭建难度也是最大的。俗话说，物以类聚人以群分，人脉型社群就完整地体现了这句话的意义。

如果你想要搭建人脉型社群，但暂时又不具备这个影响力，你可以先付费加入其他的高端人脉型社群，拓展自己的人脉。一个人有没有影响力，并不是指他能赚多少钱，粉丝有多少，而是他做的决策，能让多少人跟着执行。

当你结识了许多业界大佬，你也会成为具有影响力的一员。因为许多人会希望通过你，来结识这些大佬，这时你已经不需要借助金钱，就能让别人执行你的决策，所以这时你也就具备了搭建人脉型社群的资格。

专业型社群

专业型社群需要过硬的专业知识，其社群用户多是有意往某一专业领域发展，或是本就在该专业领域有所成就的人。如今常见的专业型社群，可以简单分为培训教育类和职业类。

培训教育类

进入这个社群，获得知识、成长、培训、学习、教育的机会，是社群用户的目标。与知识型社群不同的是，培训教育类的社群多是以考取证书为目的所建立的，该类社群最大的功能性就是通过培训、教育，帮助用户通过考试。

环球雅思、樱花日语等，都是以帮助用户通过考试、考取证书，或者共享知识、资料为核心的社群。

如果这些社群能较大程度地帮助用户实现目标，就可以快速地吸引目标用户。

职业类

职业是我们成年人非常重要的标签，无论是微商人还是电商人抑或是线下各个行业的职业人，他们每天都在固定输出工作的价值，以此获得社会上他人的回报。

通过职业，人们可以划分出各种类别，比如医生、教师、律师、销售等。由此，诞生了极为丰富的职业类社群，比如教师社群、投资人社群、会计社群、律师社群等。

此类社群一般以交流行业信息为主，尚未形成完整的商业系统。

 # 新时代社群营销

社群营销的优势

"我是演说家"俱乐部仅仅用了两年的时间,市场覆盖34个以上的国家,影响全球近1000万人次。

2013年,红米手机第一次尝试在QQ空间进行销售,10秒内就销售了80万台,这对于传统营销来说,简直不可思议。

2012年,"罗辑思维"正式运营,只用了几年的时间,便圈粉数百万。无论是书籍,还是视频脱口秀,都受到了粉丝的热烈追捧。

这里的三个例子,就是社群营销的成功缩影,他们完成了传统企业一直在追求的事情——用最小的成本换取最大的利润。

社群营销的优势,可以总结为以下四点。

成本低

传统营销方式动辄就需要投入上千万，效果还微乎其微。而社群营销却能做到低成本甚至零成本，换取高回报、大效果。

其根本在于，传统营销方式单一，所能实现的目标也极其有限。比如说很多品牌企业，如果打算用传统营销提高销售的话，基本就是在各种渠道投放广告。

这种方法所能实现的目标，就只有让更多的人了解自己的产品，是否能转化潜在客户，也属于未知数。

但是在社群营销体系中，每一个社群用户都是消费者和代言人的结合体，他们不仅能享受社群为自己带来的利益，还能亲自为社群出一份力。

比如说企业选择社群营销，社群用户就会自动转化为该企业的客户，也一并承担起为该企业进行口碑传播的工作。这样，社群营销已经实现了两个目标。

在实现传播功能这一过程中，用户能为企业带来的效益远远不止我们所能看到的那些。比如建立口碑、树立形象、打击竞争对手等隐性效益，会随着社群营销的持续，而逐步增强。

更精准

传统的营销模式，在某种程度上可以看作是通过"广撒网"的方式，尽可能地"多捕鱼"。但传统营销中的网越大，就意味着成本越高昂,是小企业或个人难以承受的。然而,"网"不够大,可能根本就捕不到鱼。

如果想要从轰炸式的传统营销中寻找突破口,就需要找到一个能让客户定位更精准的营销方式。

社群营销就是帮助企业从"茫茫人海"转向"特定社群",这不仅节省了成本,而且还带来了众多的精准客户,企业的最低效益也能得到保障。

好口碑

好口碑对于一个企业长远发展来说非常重要,它不仅能在短时间内提高销量,还能铸就品牌IP,帮助企业培养忠实消费者,带来长期的效益。

打造好口碑,需要企业在产品、服务、用户体验各方面提高,并且长期维持。久而久之,就能收获与之相应的口碑。

传统营销在这方面最有效的方法就是"名人背书",即邀请名人为自己的产品打广告、代言,告诉大众这款产品有多好。这样大众对该名人的信任度,就会与产品产生联系。只是大众对该产品的信任联系较弱,很容易被摧毁。

社群营销则不同,通过社群建立的信任联系,一般都代表这款产品已经在消费者那里取得了信赖。这种消费者直接对产品建立信赖的方式,比较牢固,只要不是产品出问题,这层关系都不会受到破坏。

为什么社群营销会具有这样的作用?在互联网时代,我们获取的信息大部分都是经过了层层筛选，有的是通过大数据自主筛选的，有的是由熟人进行筛选的。

我们对熟人提供的信息会产生一种天然的信任，这种信任，就是口碑传播的关键。社群营销是先建立了社交关系，社群用户有了信任的基础。那么在此基础上，企业产品的传播，就能实现从一对多到一对一的转变，信任强度自然也得到了提升。

当消费者信任一款产品，并且愿意为之进行口碑传播时，所取得的效益就比花数十万请明星代言带来的效益高。

高效率

我们都知道，广告传播，是建立在六度空间理论上的营销方式。与传统营销相比，社群营销更能发挥六度空间理论的作用。

所谓六度空间理论，就是指你与一个陌生人之间，间隔不会超过六个人。这个理论并不是指通过六层人脉关系，你就认识任何一个陌生人。这个理论最重要的是传达出了一个讯息——人与人之间，只要通过某种方式，就能建立必然的联系。

在互联网时代，六度空间理论实现的可能性变得更大了。

社群营销就是帮助人与人之间建立联系的其中一种方式，它更看重小圈子中的影响力。

任何一种营销方式，其本质都是连接。传统营销之所以无法进行高效率的传播，很重要的一个原因就是大众已经自动将广告视为无效信息。于是，许多企业就会发现，无论自己投入多少资金去做广告，其传播范围都依然非常狭窄，而且传播效率非常低。

社群营销就恰恰能做到高效率传播，因为它是一种熟人之间的信息传播。只要我们细心观察，就可以发现，传播有用的信息是熟人传播的重要手段。

什么是有用的信息？在一个美食家看来，美食攻略是有用的信息；对于一个爱好经济的人来说，经济学的知识是有用的信息；对于一个爱好文学的用户来说，美文分享就是有用的信息。

社群营销能更好地抓住用户的诉求点，并且在这个基础上包装好产品，输出优质内容。那么，无论是社群用户，还是社群外的用户，都会愿意为企业、产品承担传播功能，因为我们的内容符合他们想表达的标准。

社群营销的运行

由于社群营销的强势崛起，很多企业开始舍弃传统营销，着手启动社群营销项目。但是贸然拉人组群，是一种非常愚昧的方式。我们不能盲目跟风，以为只要把社群组建起来就能抓住社群红利。

在组建社群之前，最重要的是了解社群营销到底是怎么运行的，换句话说，就是做好社群营销，需要具备什么条件。

有个人魅力的群主

社群营销与粉丝经济有很多共同点，虽然两者相较起来，社群营销更有独立性，它并不像粉丝经济那样，完全依赖个人。可任何一种行之有效的营销模式，都需要一个意见领袖，社群营销也不例外。

意见领袖这个角色在社群中，是以群主的方式呈现，也就是说每一个社群的群主，就是这个群里十分具有影响力、能左右群员决策的人物。

因此，当企业意图组建社群时，首先要物色一个合适的群主。这个群主必须要有个人魅力，最好是企业所在领域的专家、权威人士，即使群主尚未在企业所在领域做出成绩，企业也可以将群主包装成有价值的人物。

一个社群有了一个举足轻重的群主后，就能更好地推动社群用户之间进行交流、互动，帮助社群用户对企业树立信任感，以达到各种经济目的。

核心优势

企业搭建社群时，一定要清楚自己搭建的社群有什么核心价值？一个社群生存发展的基础就是核心价值，其核心价值最重要的就是突出优势，也就是如果与同类型社群竞争，你应该如何确保自己立于不败之地？

举个例子，假设企业主要生产智能手机，那么搭建社群时，自然而然就会考虑聚集科技爱好者，但这不是核心优势。

世界上做智能手机的人那么多，你的社群以什么来吸引科技爱好者？是你这里有优质的服务，还是有独树一帜的产品？这才是企业做社群前应该思考的问题。

几乎所有运营成功的企业社群都是基于自身产品的，比如"罗辑思维"社群，一直是围绕着罗振宇的动态做延展；"我是演说家"俱乐部社群，就是以各种提高口才、锻炼自身能力的课程为主。

因此，不管你的产品是实物还是知识，都需要与自身的核心竞争力密切相关，突出自己的优势。

在社群中最普遍的方式就是提供服务和优质产品，企业如果想强调自身优势，可以从这两方面入手。

比如用户付费进入社群后，可以得到某位专家的咨询服务，或者得到一些优质产品。这时对于消费者来说，进群后得到的服务和产品，就是你的企业比其他社群好的地方。

有效引导

许多企业都以为只要建立了社群，就能达到社群营销的效果。但最终，这些建立的群要不就是无人发言，沦为"死群"；要么就是用户整天闲聊灌水，空有社群之名，却无法带动社群经济。这些都是群内缺乏引导的表现。

（1）规则引导

社群也是一个群体，我们可以模仿早期QQ群的模式，制订相应的规则规范，使社群长久生存。俗话说，没有规矩不成方圆，如果没有约束，社群也只会像一盘散沙一样徒有其表。

制订规则之后，不能因其他新用户的加入，就随意破坏之前的规则，即社群的出入口应设置门槛，让社群内部的行为规范统一起来。

规则不一定要白纸黑字时刻提醒，社群的规则体现得更多的是一种文化共识。另外，除了规则外，社群内运作机制在日常事务管理中十分重要。

如何让社群用户保持活跃，一定的激励机制、角色分工都能让群用户在处理事务中各司其职，保证社群的规范化运作。

在良好的规则及运作机制下，群主的管理也更加省力，并且使社群用户更加信服。

（2）人工引导

除了群规，最有效且必要的就是人工引导。大家都能体会到在一个社群中，不良言论引起的反应，远远大于对产品的夸奖。这时，危机公关和言论引导在社群组织中就显得十分重要。

如果把一个社群发展的过程看作列车前进的过程，那么群主就是列车司机，其他管理人员就是乘务员。唯有大家不断地修整调节列车的前进方向，维持车内秩序，才能确保列车驶向正确的目的地。

社群内的人工引导权利，不能局限于管理人员。每个活跃的社群群体都会拥有几个人缘特别好的用户，此类用户通常是早期核心用户，拥有较大的表达欲望，且相对其他用户拥有较大话语权。

此类用户对于社群的拉动和引导作用是十分巨大的，企业运营社群时应该联合拉拢这类领袖进行示范引导，让社群不偏离最初的定位及主题轨道。

同时，所谓人以群分，这类用户的特征很大程度上决定了一个社群未来加入的用户的特征，社群用户对领袖的信任也反映了其对你产品和品牌的信任。

（3）活动引导

一个社群的活跃度需要举办许多活动进行刺激，这在产品型社群中尤其明显。活动不仅是一个宣传拉新、增强用户黏性、激活活跃度的有效手段，还是一个引导社群主题的有效方式。

在活动的预热和进行期间，群内的讨论话题和日常交流大多会以活动内容为中心发散。活动的参与情况也体现了社群内部黏性的强弱，同时可以不断引导品牌产品话题。

举个例子，我们从小米的社群运营中就可以看出，小米从手机的调研、开发、宣传等各个环节上都举办了大量的线上线下活动，在活动强势引导社群内部话题的同时，还极大增强了社群内部粉丝间的交流，所谓的参与感形成了"米粉"的自发传播。

控制规模

控制规模主要看社群的成长阶段，一个社群是有一定的成长周期的，若不控制社群规模的话，该社群很可能永远只是为新手及小白用户服务。同时在信息过滤上拥有不小的难度，可能永远讨论的是一些初级问题。

当然这并不能说是错误的策略，甚至在产品售后、咨询中是十分必要的，但是这会导致资深用户及老用户的沉默。

当有价值的VIP用户沉默或者离开时，社群价值就无法得到提高；

同样，若是小白及新手用户不断涌现，没有有效引导的话，社群将沦陷为一个聊天灌水群。

邓巴定律早已告诉我们，人类智力将允许人类拥有稳定的社交网络人数是148人，约150人，所以邓巴定律也称为150定律。

这对我们运营社群有很大启示，若是社群在约50人以下的规模，群内部交互式非常深度的，即使是没有活动刺激，用户通过兴趣话题连接也能自发互动，此时的社群是半熟人社交模式的。

若社群超过50人左右的规模，就需要强有力的规则引导及活动刺激，否则群的凝聚力将会大大消退，没有熟悉的感觉，彼此沟通频率将降低，此时的社群是半陌生人分享模式的。

企业社群发展规划必须进行社群规模的控制，最常见用于沉淀核心用户、内测用户等重点对象，是社群精细化运作、提炼社群价值的一条必经之路。相对于普通用户而言，产品的核心用户群体，能为品牌带来更多价值。

社群营销的突破点

组建好社群之后，我们可能会遇上各种各样的难题，比如用户流失、无法变现、气氛不够活跃等。其实，社群运营过程中遇上的任何问题，都与两个突破点有关，我们可以把一切问题，归类到转化和激活这两个方面。

简单来说，就是只要我们突破转化和激活两个点，就能解决社群运营的大部分问题。

转化

如何将社群用户转变为目标用户是社群营销的一大难点，当社群搭建起来后，我们通过什么方式，去把用户转化为客户？

许多社群做营销，拉进了大部分用户，也具备优质产品，但是把社群中的用户转变为目标用户，除了采取特价、会员价等方式，很难有更好的方式了。

要知道，社群就是围绕一个价值点凝聚的结果，最终的目的是价值最大化。搭建社群，都是基于产品，这个产品有可能是物、人或者服务。

企业之所以投资大量的人力、时间、财力去搭建社群，就是希望能以这样的方式，达到盈利的目的。实现这一目的的唯一途径，就是转化用户。

要做到把用户成功转化为目标客户，要满足几个方面：一是引起用户对产品的兴趣；二是满足用户的需求；三是帮助用户解决问题。

社群营销一个特别成功的案例，就是大家都熟知的秋叶PPT。秋叶老师先从自己擅长的PPT方向，搭建了一个有关PPT课程的社群，后续才转化为付费、卖课程、卖书、做营销活动等，这些也是基于社群成熟之后把社群的价值最大化的发挥。

社群就像一个小型社会，许多中高端人士，在社群内就渴望有个身份肯定。如果能在群里有个一官半职，他们就会有更大的动力去为社群服务。这时再把这个动力转化为购买力，就非常容易，这个购买力我们把它称作"情怀消费力"。

激活

所有社群，都会遇上社群热度消退这一个难题。我们仔细想一下，自己的微信群有哪个热度能一直保持？似乎没几个。因此，持续保持社群热度是社群营销的第二大难点。

想要解决这个难题，必须要激活用户积极性。

任何社群，都是在初建时拥有较高热度，过了这个时期，热度就会随着时间渐渐消退。这种情况下，想再激活社群热度，一定是短期内要完成某件事，或想实现某个目标，这个现象可以称之为目标任务激活法。

做社群运营，我们还得明确除了物质利润，企业还希望从社群中得到什么？

在社群运营过程中，可以推广宣传、创意互动、众筹或众创、销售产品、兴趣或情感互动等。因此，解决社群运营第二个难点的思路得从社群用户入手，还需要在参与机制层面下功夫。

要实现激活用户积极性的目标，首先，要梳理并建立更清晰的社群族图谱。每个用户的特点都要以大数据的方式，呈现在群主面前。

这些数据最好包括每个用户所具备的能力、特长，以及与其他社群用户有什么联系等。做这些工作需要花费大量的时间和精力，但是想要持久运营一个社群，为了更长远的发展，最好就做到这一步。

其次，持续让社群产生动力和新鲜感，激活用户积极性的方法有很多种，最有效的就是赋予社群一个又一个的任务，即刚才提到的目标任务激活。

在每一个任务驱动之下，虚拟社群组织会自觉履行自身的组织职能，带动企业往前发展。如果群主能加大投入，刺激并鼓励核心团队参与到任务中，完成一个又一个的指标，效果会更好。

对商业或兴趣组织而言，社群营销的范围可大可小。

社群营销可以让企业通过社群研发新产品，推动赋予顾客参与感的产品上市。在这种情况下，社群用户自然而然转化为第一批产品购买者及使用者，社群也能成为企业这类产品的评价中心，及时给企业有效的反馈。

同时，这种身份特殊性，也能成功激活社群用户积极性。

社群营销还可以让企业通过社群渗透目标区域市场，定位精准客户。比如意见领袖、顾客代表等聚集在同一个社群，通过宣传推广，社群范围逐渐扩大并且吸纳更多的用户，然后在有效的点对点的推广中，销售产品。

搭建社群，运行社群营销，大家都很容易掌握，难的是突破关键点。社群营销之所以成为热点且成功案例没有普遍出现，究其原因就是转化和激活的问题，必须有正确的方法才能够突破难点。

特地在本节列出两个难点，就是希望大家在搭建社群时，先思考好应对的方法。因为这两个难点，可以说是搭建好社群后，就会立刻出现的。按照本节提供的思路，各位可以再思考，有没有更好、更适合自己的解决方式。

这两个难点，一旦突破，社群营销的威力就能被有效地发挥。之前提到的优势，也能得到体现。反之，如果无法突破，你所搭建的社群就形同虚设，上文所提到的优势，都无法为你所用。

当然，本书在下面的章节也会教你突破这两大难点的实战方法。

/ 第二章 /

社群组建

人如果只是单纯地聚在一起,是无法产生任何价值的,而社群之所以能带来经济效益,就是因为它并不是拉人进群那么简单。所以,想建立社群,一定要明白其中要点,掌握运营策略及维持方法。

 **构成社群的三个要点**

定位

定位是社群组建的基础,前文已经介绍过常见的社群类型,确定自己要组建什么样的社群,有什么样的目标,是社群建立的第一步。

我们会发现,社群组建之后,自己已经尽了最大的努力,将一切事情做好,可是为什么无法吸引新用户、激活社群用户积极性?

其实最主要的原因就是,你的社群定位跟用户根本不在一个频道上。如果社群只是往群主、企业想要的方向去发展,而无法满足用户的需求,那用户又怎么会选择你的社群呢?

因此,除了对社群类型定位,我们还要根据发展需要,对用户、优势等进行精准定位,具体操作方式可以参考以下几点。

受众

确定社群类型之后，第二步我们就要确认社群主要受众。我们可以把社群看作连接产品和用户的平台，既然如此，我们就可以根据产品，确认受众都是什么类型的人群。

比如"我是演说家"俱乐部面向的就是渴求知识、想要提升自我、有锻炼口才需要的普通人群。因此俱乐部不收费，制度相对宽松，管理较为自由。但是"我是演说家"商学院，就只面向高端人群，因此设置了会员制度、收费门槛等。

又比如读书会，就是面向知识分子、文艺青年的社群，产品自然就是书籍、文具、交流学习等。

先有用户，后有社群，我们只有把受众精准定位，才能将社群精准定位。

需求

很多人误以为，加入了某种类型社群的用户，需求只有一种。然而，我们都希望通过做一件事而拥有多方面收获，加入社群的用户也不例外。

所以，加入读书会的用户，可能除了学习、读书这两个需求，还渴望与人分享、发挥才华、接触自己喜欢的作家等；加入人脉型社群的用户，可能除了结识人脉这个需求，还想要推荐自己的资源，或是寻求项目等。

唯有了解你的用户真正需要什么、有哪些方面的需要，才有可能根据用户的需求痛点，把自己的产品和服务进一步升级，从而将社群做大做好。

优势

前文已经提过，随着社群红利被越来越多的人所熟知，各种类型的社群都如雨后春笋，一个接一个地冒头。这时候，你就需要思考，自己的社群与其他社群竞争的话，有什么优势？

社群优势即产品优势、企业优势、服务优势，你可以思考，自己的社群能够帮助用户解决什么问题？社群里有什么极具影响力的人物可以吸引用户长时间停留在社群？……你可以从这些方向出发，寻找属于自己社群独一无二的优势。

找到优势后，无论是企业还是管理者们，都会像吃了定心丸一样。因为你知道，只要你拥有这些优势，你的用户就不会流失。所以，社群优势是社群精准定位的前提和基本条件。

特色

特色和优势这一点，较为类似，但是相对来说，难度没有那么高。优势是你有而别人没有的。但是特色，如果你没有，你也可以去模仿创新。

拥有特色的社群，更容易吸引精准用户。如果你觉得自己社群的粉丝少，关键原因可能是社群的特色不明显、不鲜明、不易被识别。

这时很多人就会问，如何定位自己的社群特色？

（1）参考竞争对手

通过对行业和产品分析，锁定有可能与你的社群产生竞争关系的对手。清楚了谁是你的竞争对手后，你可以参考对方社群的特色，从而发展出自己的特色。

例如俱乐部属于知识型社群，那么提供课程、培养口才的社群，都是我们的竞争对手。

我们发现对手除了出售课程，还有讲师一对一线上授课等特色，于是我们从中得到灵感，提出了社群牧场系统，建立晋升制度，最高级的会员可以与我们合作，终身免费学习，成为合伙人，形成循环滚动式牧场效应。

（2）在某一方面做到极致

找到用户的需求痛点，并参考竞争对手，形成差异化的特色和优势，之后，我们就需要找到自己擅长的方面，争取做到极致。简单来说，我们要在某一个方面或细分领域，抢夺"第一"的称呼。

举个例子，有很多读书社群，但是我们可以从中细分出哲学类读书社群、女性励志类读书社群、生意经营类读书社群等，然后找准一个方向，做到极致。

比如说细分之后，我打算做女性励志这一方向的社群，那么社群活动、产品就围绕女性励志进行，等社群小有规模后，我们这个社群就可以定义为"最懂女人的社群"或"女性励志第一社群"。

由此，企业可以推出一系列的社群。如果最初只是做读书类社群，那么将社群规模扩大之后，就可以将后续搭建的社群，更加精准定位，比如搭建以地域分类的同城读书社群，这样就能吸引更加精准的用户。

升华

许多社群发展到后来，都会发现用户不断流失，但是自己的社群一直运营得好好的，也没发生什么重大改变，为什么之前愿意待在群里的用户，后来却走了呢？

问题恰恰就出在你的社群没有改变，最初建立社群，直白地说就是为了利益。用户进入社群，也是为了从社群中获得某些东西。这时候的社群，是完全没有情怀可言的，只是一个利益集合体。

比如读书类社群，大家一开始进群是为了督促自己读书、分享读后感，但是随着这个社群不断扩大与发展，人越来越多，能说得上话的用户越来越少。其中一些用户就会觉得社群的凝聚力不强，自己没有必要再待下去了，于是退群。

出现这种情况，最主要的原因是社群没有把自己的定位升华，没有把一个利益社群包装成一个有情怀的社群。包装情怀社群，就是建设社群文化。

每个社群的具体产品都不同，用户类型自然也不一样，选择切入的细分领域也各有差异，所以我们必须对自己的社群进行升华。

（1）设计联系社群用户的纽带

社群必须要有一个载体作为联系社群用户的纽带，这个纽带可以是产品、内容、工具、服务或解决方案。

随着大众消费模式升级、移动互联网的时代来临，固有的商业逻辑已经被打破。以前大部分情况是先有产品，之后再吸引用户，现在却是先有用户，再根据用户意见，推出产品。

比如"罗辑思维"社群，就是先聚集了一批用户，等社群发展壮大之后，才推出与罗振宇相关的一系列产品。

（2）让社群用户感受到自己的特殊

当社群拥有自己的产品后，一定要给予社群用户优惠价格，或推出只有社群用户才能得到的赠品。

当社群用户感受到自己的特殊，就会对社群产生更加深厚的感情，产生一种依赖心理。这就跟如今许多企业推出的 VIP 服务一样，旨在营造用户的归属感，在无形之中打败竞争对手。

（3）产品要让群员引以为傲

在这个供过于求、市场饱和的时代，仅仅是产品自带的功能，已无法满足用户的需求。因此，产品要肩负起用户展示自我、与外界互动的使命，换句话说，如今人们更注重产品人格化的特征。

社群推出的产品或服务要足够优质，让社群用户引以为傲，这样他们才会主动向身边的人分享、推荐。如果社群有足够的影响力，自然也会让用户有炫耀的资本，不用社群管理员开口，群员就会自觉承担起传播的责任。

聚粉

在聚粉前有一步重要的操作就是加粉。现在做社群，首先得有人给我们建一个社群，有人来到群里。但是大部分人微信里的好友数量很少，因此我们首先得增加自己微信里面的好友。

50群群主杜从平，她和丈夫经营着一家规模很小的饺子馆，每天起早贪黑，月收入约一万。通过兼职运营社群，她打造了属于自己的千人团队，月入数万。

谈及加粉的操作，她显然很有心得："我能够兼职运营社群成功，其实就是听话照做。如果一定要说不同之处，那就是很多群主用软件加粉，我是手动加粉，我必须保证粉丝的质量，因为手动加粉是选择性加粉的方式。"

她每天手动加粉100人，大概花费2个小时。一般情况下，微信上的好友的初始设置是陌生人10张照片可见。她通过朋友圈的10张图片，大概可以判断这个人是做什么的，需求点在哪里。

社群加粉中，她首先看中的是社群质量，比如项目群和产品群就属于品质群。在这个过程中，她会准备一个小本子简单记录，因为有的客户可能没有及时通过。

加粉之前，她先在社群亮相，抛出话题，比如和大家谈谈地方美食，让群友对自己有印象。

加粉后她会关注点赞群友的朋友圈，对某一条帖子做走心的评论，让对方知道他在关注。然后在交谈中做简单的自我介绍，让别人对她加深印象，从而铺垫邀约。

对有需求的客户，她会满足对方需求免费送礼物。比如主持稿，她会帮对方简单地过滤文案等。

精选粉丝后，过滤客户就变得很简单，自动化成交下，客户会主动要求到线下学习。这时，做起聚粉就更简单。

社群聚粉，其实就是为社群引流。创建者需要确保引流的时候，社群方向、框架都已经完善了。聚粉就相当于拿盆接水，社群就是盆，如果盆都是漏的，怎么可能接得住水？

如果有大批用户被你吸引，进入了社群，结果发现社群建设漏洞百出，聊天时大家铺天盖地发广告，这样肯定不会有人留下。

社群定位和框架都没问题后，管理人员就可以着手准备聚粉了。

社群主要聚粉手段包括以下几种。

活动聚粉

举办活动能有效地把粉丝聚集起来，无论是线上还是线下活动，都能在短时间内吸引大量关注。

活动设计包含的内容非常多，主题、流程、宣传、赞助、场景选择等，企业或个人可以根据自己的能力，安排好活动投入预算。初期不一定要用大规模的活动来吸引粉丝，因为一下子涌入大量用户反而不好管理。

搭建第一个社群时，我们可以通过发放符合社群定位的福利、优惠，来吸引受众用户。比如读书社群可以通过免费送书或是购书打折等方式聚粉；知识型社群则可以开设免费公共课试听、资料分享等活动聚粉。

内容聚粉

任何社群，最低成本的聚粉方法就是内容。创建者要事先准备好几篇文章，这些文章可以自己写，也可以委托别人写。这几篇文章相当于一份营销文案，适合投放到各个平台，目的就是让用户看了之后，会有加入社群了解的冲动。

内容聚粉比较适合知识型社群操作，比如我们可以分享一些"干货"，内容不需要太多，但一定要有用，然后在末尾添加社群联系方式。

凡是对你所分享的"干货"感兴趣的用户，都是你所搭建的社群受众，也就是说，由此方法吸引来的都是些精准定位受众。

线上推广是个长期且缓慢的积累过程，社群需要不断地输出最新的、有价值的内容。如今的发展趋势就是知识产品化，内容即知识。

做好内容，对于大部分人来说，都不是一件容易的事。好文笔、行文流畅只是基本要求，更重要的是要懂用户的需求，懂得抓住用户的目光，引起用户共鸣，了解行业以及产品，熟悉竞争市场战略等。

事件营销

这个事件，可以是负面的，也可以是正面的，只要能引起关注、引发爆点，就是成功的。找到合适的切入口，找准互联网中爆炸式传播的热点，只需要一个事件就可以让你获得巨大的关注。

这也就是人们一直在说的蹭热点，你不需要自己创造热点事件，只要想方设法往热点上靠。在此过程中，需要注意的是不管蹭什么热点，一定要用合适的、符合社群定位的方法，不然会弄巧成拙、适得其反。

谨记，所谓聚粉，首先是聚集有效粉丝，其次才是聚集大量粉丝。如果把顺序弄反了，即使吸引到大量粉丝，也无法产生效益。

因为聚集大量粉丝，一定程度上就代表了这群用户定位并不精准，也就无法顺利转化为客户，并且流失速度非常快。很可能今天社群才聚集到一百粉，明天这一百个粉丝就全部退出了社群。

多平台推广

互联网时代，讲求高效、快速、方便、一举多得。学会利用碎片化时间，对于社群聚粉来说，非常重要。因此，创建者的眼光不能局限在一个平台上，而应该实现多平台聚粉。

各大平台都有自己的定位、对应用户，社群只需要根据自己的定位，选择几个对应平台，发布用来聚粉的内容。

多平台推广的目的就是在最短的时间内，抢占较多的流量入口。这样，只要用户使用这些平台时，就能看到你的信息，这样就实现了增加社群的曝光率、多途径吸引粉丝的目的。

固定的价值提供方式

前文提到过，社群是六度空间理论的典型。社群聚粉不一定要由创建者或者管理员亲自操作，当社群拥有一个固定的价值输出方式，群员就会感受到社群对他们来说是有用的。如此一来，社群用户就会自觉去推广宣传，介绍自己的亲戚、朋友、同学加入。

这点在"罗辑思维"社群得到充分体现，虽然"罗辑思维"是一个规模很大的知识付费社群，但它的知识都是围绕着罗振宇展开的。

俱乐部虽然有700多个分群，但是每个社群都有自己特定的价值提供方式，而且多数是围绕群主所进行。比如668群的价值核心就是群主孙立春，356群和609群的价值核心就是群主王文静，381群的价值核心就是群主余凤琼，199群的价值核心就是群主邱立菊（更多关于"我是演说家"俱乐部社群的群主信息，可以查阅随书附赠的小册子）。

社群的价值核心，需要具备较强的领导力和号召力，这样才能为粉丝提供一个固定的价值输出，从而让粉丝心甘情愿地协助群主为社群聚粉。

多项选择用户加入的方式

在社群运营的过程中，一般至少有两种方式，可邀请用户加入。

（1）邀请制

老用户邀请新用户加入社群，缺点是聚粉较慢，且数量不多。优点是这种邀请进来的粉丝，一般来说组织严密，质量也比较高。

由于粉丝在社群内有熟人，因此这些粉丝对社群的定位比较明确，也更容易快速融入社群氛围，转化难度较小，短时间内就能为社群带来效益。

（2）自由加入制

简单来说，就是这个社群对所有人开放，外界用户可以自由加入社群。其缺点是容易导致社群的规模多变，也为社群增加了很多不确定性的因素；优点是聚粉速度快、数量多，能让社群在短时间内形成较大规模。

社群可以根据需求，只选择一种适合的方式执行，也可以两种方式并行，甚至寻找更好、更适合自己社群的方式。

加强与粉丝的互动

加强与粉丝的互动，就是为了让粉丝邀请自己的熟人加入社群，这是一种零成本、易执行的方式。而且加强互动既能激活群内用户的积极性，又能实现聚粉目的，可谓一箭双雕。

那么，如何才能有效地加强与粉丝的互动？

（1）共建式

除了群主，社群一般都会有几位协助群主管理社群的人，简称管理员。群主可以让粉丝在社群中担任有权力、有地位的角色，并且承担一定的责任。

这样粉丝与社群的情感连接会更加紧密，对社群的黏性也会更强。粉丝会在管理社群的过程中，激发出强烈的主人翁意识，这样粉丝就会更积极主动地对这个社群做一些贡献。

他们可能不仅会鼓动身边的朋友、同学加入社群，还会自觉承担起传播责任，利用身边的有效资源，为社群聚粉。

（2）回报式

有些社群会设置等级制度，比如刚进群，你可能是初级粉丝，当你在群内的活跃度、消费度或是贡献度，达到了晋级要求，你可能就会从初级粉丝晋升为高级粉丝，甚至可能会成为下一个裂变社群的群主，这就是一种身份权力的回报。

还有些社群会发动群用户进行某一项活动，当用户为社群完成一些任务时，社群就会向他们提供特有的奖励、报酬。

当社群短时间内有一项重大的任务要完成，或是需要大量人手的时候，就可以利用这种方式激活群员的积极性。

（3）众筹式

这种互动模式，是刺激粉丝对社群的情怀和情感，能较为准确地筛选出真爱粉。

比如有些读书社群，群主有通过出版相关书籍来为社群造势聚粉、打造个人品牌等需要，并且希望通过众筹的方式，来募集这本书的出版资金。那么就可以用这种模式，与社群用户进行互动。

一来可以检验用户的忠诚度，二来可以增加用户的参与感。当这本书顺利出版，就可以视为社群共同努力的结晶，它不是只代表了一个人，而是代表了整个社群。

社群聚粉不易，如何快速聚集有效粉丝还需努力钻研。

输出

如果社群不输出，就失去了存在的价值。唯有持续地输出有价值的内容，社群就会具有长盛不衰的生命力。

比如"罗辑思维"就是靠创始人深厚的知识积累和视频、节目等输出，做成了互联网最大的知识社群；"我是演说家"俱乐部则是靠持续输出实用的课程、培养高质量人才等，将社群升级成商学院。

一开始，社群都会有一个较高的活跃度，但若不能持续输出有价值的内容，活跃度就会慢慢下降。

大部分没有活跃度的社群，最终都会沦为广告群，自然也无法制造效益。群员会慢慢地选择退群，等到群员已经所剩无几时，群主也不得不解散群。离开的用户或许会再去加入一个新群，也可能会选择创建一个新群。

即使有些用户选择继续留在这个群里，他也是在观望这个群能不能给自己带来价值。如果一段时间以后，这个群依旧死气沉沉，无法给他提供自己想要的东西，他就会开始发广告。

因为对他来说，就算被踢出这个群也无所谓了，发广告也许还能换取一点沉淀的时间成本。

为了防止以上情况的出现，社群就需要稳定、持续地给群员提供有价值的输出，这才能吸引群员继续留在社群。比如秋叶社群会有定期的课程，"罗辑思维"创始人每天会固定发一条语音，俱乐部会定期提供培训等。

另外，输出不是指一枝独秀，如果只有群主一个人输出，是不利于社群后期成长的。试想一下，当你的社群发展到像俱乐部这样，有700多个的时候，创始人还有可能每个群都去发一条语音，分享自己的文章吗？

因此，我们要衡量所有群员的输出成果，争取做到全员开花。

比如俱乐部社群，集结了各个领域的人才、大咖，每一位有能力的用户，都有可能当上群主。即使是没什么成绩的人，只要有野心，在经过培训之后，一样可以独当一面，亲自运营一个千人社群。

输出最重要的莫过于内容，所谓有价值的输出，其实就是社群给群用户持续、稳定地提供优质内容和服务。

本章节的内容是一环扣一环的，社群创始人如果想要让自己的社群能稳定地输出有价值的东西，就需要先自己根据社群的定位、社群用户的属性和需求来规划要输出的内容，并且加以丰富。

那么，有了优质的、符合社群定位的内容之后，随着社群内容的传播，可以扩大社群的影响力，形成品牌，吸引更多用户加入，也就是上一节所说的聚粉。

输出的内容要有价值

我们一直在强调做内容一定要有价值，给社群用户带来实际的价值利益，那什么内容才算是有价值的内容、好的内容？其实，社群用户想要的内容，就是有价值的内容。

社群输出的内容一定要独特或者是干货，比如"我是演说家"俱乐部的课程就是完全独家的，所有内容都是由讲师亲身实践总结，一经发布社群用户就迫不及待地点开阅读。

如果你随随便便在搜索引擎上复制一些文章发到群里，就代表自己的社群有输出，那就大错特错了。

既然你都能在搜索引擎上找到，社群用户自然也能找到，可能对方早就已经看过了。如此一来，别人就失去了加入社群的动力。

当然，稳定地输出原创内容，有一定的难度。社群创始人可以试一下集散，即收集有效、可用的内容，整理集结再发布。

在信息泛滥的互联网时代，如果你能为社群用户排除劣质信息，减少他们获取优质信息的时间，也能起到一个维持作用。

输出时要照顾用户的阅读体验

与输出相对应的就是接收，除了输出优质内容外，我们也需要注意社群用户接收内容的体验。

比如俱乐部的用户各方面都属于普通水平，那我们发布的内容就不能夹杂过多高深的术语，时间也不宜太长，否则会造成群员阅读疲劳，或是无法让群员理解，那样也失去了输出的意义。

内容清晰、语言简单明了、接地气、富含情感、有一定趣味性最好。

输出的内容要丰富多样

一个成功的社群，规模肯定会很大，像我们的俱乐部社群，就有很多千人社群。人多就意味着需求增加，口味复杂，因此社群输出内容时，也不能一成不变，增加社群内容类型也是有必要的。

不过这一点不急于一时，社群内容丰富程度可以随着社群用户增长而缓慢增加。

人数较少时，可以不用花太多心思在丰富输出内容方面。

在社群用户数量逐渐增长的过程中，创始人可以慢慢地挖掘他们的需求，从而增加内容丰富度。值得注意的是，人员增加、内容变得丰富，带来的是社群价值的提升，社群效益自然也会增加。

另外，虽然我们追求社群内容丰富多样，但也不要偏离社群核心价值定位。比如我们建立的是一个读书社群，就没必要分享家居建设方面的产品。

 # 高效运营社群的策略

去中心化管理与中心化管理

中心化和去中心化在社群中的运用,我们可以理解为集权与分权。在社群管理中,为了实现更好、更有效的管理,我们可以两种管理方式一起使用,也可以只用一种管理方式。

不管是线下还是线上,社群都必须有人作为管理中心,然后按照管理任务,逐渐分层,这就是所谓的中心化。

去中心化社群模式,也不是说没有管理,而是无须管理。具体可以从两点去理解。

一是指内容、信息不是由一个人或者特定的一群人去生产,而是全体社群用户共同参与、共同创造。

二是，如果中心化管理是金字塔结构，那么去中心化管理就属于放射线结构。虽然它还是围绕着社群灵魂人物进行，但是每一个分群，又是按照该群群主的特性去运行。

中心化管理和去中心化管理模式之间，不存在比较，自然也无优劣，更不是说采用了其中一种模式，就不能用另一种。在管理社群的过程中，可以两种方式同时采用。

要扩大社群规模，就必须允许去中心化的节点，也就是分群群主以及管理人员，承担更多的责任独自去管理。

在一个大社群中，对核心用户就应该采取中心化管理，保持中心化管理的用户对外围群的影响力，适当平衡两者之间的比例，是做大社群的关键。

比如"我是演说家"俱乐部社群，就是以创始人为中心。各个分群的群主、主要核心人员，都聚集在一个小群，实行中心化管理。由创始人负责主要内容输出、招揽有识之士、制订主要决策。

试想，如果没有创始人统筹整个社群运营，社群就无法长久火爆下去。这就是社群中心化管理的典型。

我们的俱乐部社群旗下的700多个分群，实行去中心化管理。每一个社群由独立的群主按自己的风格、特点去组织运营。创始人只是把各个群主聚集起来，互相交流好的经验，提供有价值的内容资源，分配社群运营指标和任务等，但是每个群的决策权以及主要运营权还是在群主身上。

因此，这两种管理模式，都适用于社群管理，只不过中心化管理需要一个有影响力、有能力的中心人物整体驾驭与规范，可以说是社群发展的决定性人物。

去中心化管理相较于中心化管理，中心人物就偏弱势，或者干脆没有。但是社群中一定会有一个或者一群主动积极的连接者，以便各个社群步调统一。

因此，无论是中心化管理还是去中心化管理，都有负责人和社群规则，只是这两者的中心化程度不同。

如果社群处于初建阶段，资源不足、管理者能力有限，可以较大程度地实行去中心化管理，招募更多有能力的人才进社群，管理者则扮演连接者的角色。

等社群规模逐渐扩大，管理者能够影响他人、带动他人时，再采取中心化比例较重的管理模式，这时就能让资源得到更好的分配、优化、利用。

社群运营团队的组织架构

社群的组织机构应该精简层级、权责分明，并且要依据社群类型、发展阶段、规模大小来设置。当社群刚开始运营、规模较小时，一般只需要创始人和管理团队互相配合分工即可。社群规模发展到较大程度时，就要把管理团队与普通社群分开。

以"我是演说家"俱乐部社群为例。

社群的组织架构分为讲师团队、管理团队、合伙人、社群用户。这四个部分就像一张桌子的四个脚，缺少哪一个，桌子都会倒。

所以社群运营者可以反思下，你之前运营社群没有结果，是不是这四个部分的哪个环节出了问题？

（1）讲师团队决定干货输出价值大小

社群的讲师团队是社群运营中最核心的一个环节，是决定社群价值感的核心关键。特别是在社群越来越多的今天，优秀的讲师团队能让你的社群脱颖而出。

当你要开始运营社群时，你要思考，你的社群讲师队伍在哪里？一定要一个团队，因为一个人所能输出的价值内容是非常有限的。

（2）管理团队决定社群发展的好坏

群主

负责组织策划社群相关运营思路和方案。

挖掘管理、课程分享等各方面的人才。

分析本群数据，比如群内人员的组成情况、活跃程度等。

吸粉入群。

副群主

协调沟通嘉宾分享事宜以及发分享课程，抛话题活跃群气氛等。

负责协调安排主持人、秘书、纪委的工作，并做好监督。

对加入的新群友进行欢迎,以及告知修改昵称、做自我介绍。

代替群主做群内管理以及分享,和群用户互动聊天。

协助群主管理社群,处理一些较为烦琐的任务。

吸粉入群。

社群讲师

负责研究课程、设计课程、讲解课程,把课程讲到极致,讲出效果,为成交做好铺垫。

吸粉入群。

纪委

维护群内环境和秩序,引导新人做自我介绍,修改昵称。

针对群友问题给予解答,和群友互动聊天。

统计群人数、退群人数及调查群用户退群原因。

吸粉入群。

秘书长

负责管理群空间,比如摘录群聊精华,设置签到抽奖,对其他社群用户的动态进行评论,发布激活群员积极性的游戏。

负责对群内群友问题进行收集或给予解答。

定时在群里分享健康知识、娱乐笑话,和群用户互动聊天。

吸粉入群。

财务管理

负责群的相关收入和支出的财务统计,一个流程结算一次。群员付费进群的资金统一交给财务,方便进行管理。

负责财务结算,把收入分发给运营用户。

吸粉人群。

活动策划师

策划社群活动方案并执行(活动目的、活动方案、活动执行等)。

将每次活动做一个总结(效果、用户状况、用户反馈)报告给意见领袖。

吸粉人群。

(3)合伙人决定社群参与度与活跃度

如果一个社群要吸纳源源不断的用户,那么就需要大量社群合伙人持续、努力宣传营销。

创始人和管理团队自身的资源,可能两期就用完了,如果这个时候没有合伙人主动去做宣传营销,就没有新用户,没有新用户社群就会死亡。

(4)社群用户决定社群质量

社群用户质量会决定社群运营的效果好不好,因为社群运营一定要确保符合社群定位的客户进群,不对的客户进群就是浪费时间和精力,往往无法给社群带来什么效益。

对的客户能够主动给社群带来更多对的客户，带来现金流，贡献更多优质内容，帮助社群构建核心竞争力。

（5）社群运营工具提升社群管理质量

为了节省人力物力，社群有时候会利用一些工具，提升社群管理的质量和效率。"我是演说家"俱乐部最常用的社群工具就是社群课程多群直播机器人、课程实时收录机器人。

由于俱乐部是知识型社群，其具体组织结构可能无法普遍运用到其他类型社群，所以各位社群运营者还是需要根据社群具体情况、发展动态，来设置组织架构。

要注意的是社群运营团队的组织架构不是一成不变的，它要随着社群的发展变化适时调整，这样才能保证社群一直顺利运行。

规模较大的社群人员流动自然也更频繁，可能还会产生人员临时事务冲突、人员工作缺乏默契、沟通困难等问题。因此，在社群规模变大、运营组织架构变得复杂后，建立后勤小组是非常必要的。

后勤小组主要负责信息收集记录和事务提醒，以及实时跟进各个群的情况，根据事情轻重缓急反馈给创始人。

建立完善的财务机制

付费的安全性，是社群财务考虑的第一点。

受到线上交易平台收款额度的限制,很多客户当天无法付款;

有不法分子冒充社群财务的头像向学员收取费用;

打着俱乐部商学院老师的名义要求学员付费;

以促销名义向学员冒充财务收费;

甚至有的人将俱乐部公益课程转播,挂在网上高价售卖;

……

随着社群系统的壮大,财务问题越来越多,如何解决财务问题,建立完善的财务机制非常重要。

"我们那时候几乎天天开会,讨论社群财务机制问题,必须彻底解决财务漏洞,因为这关系到俱乐部的品牌。"俱乐部总财务、领袖陈梦竹在会议上向大家指出了问题的严重性。

设置分群财务,制作专业的财务收款二维码,是社群财务机制完善的第一步。

"开课前强调财务的安全性,我们的试听课程是免费的。群主出示公司授权的群主资格证,清晰地告知学员,我们每一个群主是身份证实名审核通过运营的。"

公示的机制,让社群安全度提高。仿冒社群的,一经查实,保留追究其法律责任的权利。2017年,财务安全问题得到了有效的解决。

随着收款越来越多,如何确保费用精准提交,成为社群发展中的重大问题,设置分群财务迫在眉睫。

为了杜绝假冒财务在群里收款，我们专门设计了带有俱乐部 LOGO 的收钱二维码，初期由群主兼任财务。

激励是财务机制完善必不可少的，随着进一步发展，群主要负责干货输出和成交，精力不够，这时候我们就开始设置分群财务岗位。

分群财务的设置，解决了线上交易平台限额下客户无法限时付款的问题。财务收款后涉及给予邀请人提成、上报商学院、邀请客户到商学院或合伙人社群进行服务，整个过程比较烦琐。

如何激励分群财务的积极性？实行奖励奖金的激励机制，施行后社群成交量大大提升。

随着社群成交体制不断升级，商学院学员和合伙人不断增加。如何区分并做好服务？财务机制又面临新的挑战。

财务支付后如何保证学员的服务？这可以通过翔实的客户资料登记、回访、客户反馈意见收集等来实现。

我们商学院增设了商学院助理。2017年，社群课程的附加值增设附赠礼品，由俱乐部定制化的充电宝、U盘、笔记本、青花瓷四件套受到学员的欢迎。

分群商学院管理、分群合伙人管理、信息归档和确认，几百个社群的发展，总财务对分群财务管理难度加大。群主管理分群的财务，对群主和财务身份信息进行严格审核管理，确保社群系统财务信息真实完整。

这样做，群成员付费安心，我们也省下了很多麻烦，成功做到高效运营社群。

设置社群运营的考核标准

首先,我们要明白什么样的社群需要 KPI?

按规模来说,对于规模较小的社群,因为不确定因素太多,一般而言不建议采用 KPI 制度。小规模社群引入此制度,可能会引起群员反感、降低运营效率。

对于规模较大的社群,如果不设置目标考核管理方法,就会很难运营,所以可以考虑设置。

再按类型来说,社群在初始阶段常见的基本战略目标,一般是提升用户黏性和建立自有传播渠道,无法用简单的 KPI 数据来考核。所以社群运营初始阶段不需要设置考核标准,但是要有目标和运营数据分析。

有些社群会用项目驱动、产出质量来决定是否达标,他们清楚自己应该采取什么行动,才能达到目标,因此不需要 KPI 作为辅助手段。

比如,秋叶 PPT 社群合作开发在线课程,就是以各种开发课程的质量来决定回报,并没有设置业绩 KPI。

但是有些社群,工作团队出现了无秩序、信息不对等的情况,又涉及利益分配等问题。这时候,为了让社群核心用户相信创始人能正确处理问题、不搞暗箱操作,就需要 KPI 这种清晰明显的目标管理制度,以便提高执行力并控制成本。

社群运营的 KPI 指标普遍设置为用户增长率、社群活动频次、用户的转化率和复购率、用户活跃度、用户活动参与度、朋友圈点赞数等。

用户增长率、用户的转化率和复购率、用户活动参与度、朋友圈点赞数属于结果导向型 KPI，用户活跃度、社群活动频次则属于过程导向 KPI。

由于社群运营不是销售，所以主要还是把重点放在过程导向 KPI，而不是结果导向 KPI。目前的社群运营尚未有具体的分门别类管理方法，如果不管自己运营的是什么社群，只是一味地强调结果管理，社群很可能就会落得解散的下场。

因此，在社群运营过程中，管理者可以先把转化率、复购率、参与度等指标放一边，采用一些具有可操作性的过程导向 KPI 指标，比如用户信息完整度、用户响应程度等。在社群运营初期，管理者还是应该把更多的精力，投入到了解用户上面。

那么，社群要如何设置 KPI？

设置 KPI 需要管理团队与核心用户共同参与，不能由创始人一个人决定。管理团队要参与整个决策过程，因为有的时候管理团队可能比创始人更了解前线。

创始人可以先让管理团队拟定一个 KPI 方案，讲解制订这个 KPI 指标的逻辑思路，然后再决定是否采纳。

现在具体看一下常见的 KPI 指标如何设置。

（1）用户增长率

用户增长率，顾名思义就是社群用户人数增长情况，大部分社群都会将此列为KPI指标中最重要的一项。

但是有些社群过于在意用户增长数量，不惜采取一切手段拉粉，结果社群用户数量是上去了，但用户质量参差不齐，转化难度较大。而且还出现社群用户数量过多，聊天时大量刷屏，一些老用户失望退群的情况。

谨记，社群运营吸纳的粉丝，如果无法给社群带来效益，那么再多的粉丝都没有意义。

（2）用户活跃度

有些社群会以群员活跃度为考核指标，具体落实到操作，就是统计发言数量、响应人数。但是如果群主没有想清楚如何激活用户，那么贸然制订以活跃度为考核标准，可能会导致群里活跃的只是自己的员工。

因为管理人员想要达标，在无法成功激活用户活跃度时，他们就自己把活跃度做上去，虽然群里有大量信息，但是这种活跃度是没有意义的，反而还会增加人力成本。

（3）社群活动频次

社群要保持群员对社群的认可度，最常见的做法是组织一些活动。是否按节奏安排群活动、保持适当的频率，是评估一个社群运营规范化的方式。

无论是线下还是线下，管理员都能按照社群特点，举行一些能激发群员积极性的活动，比如投票、小游戏、聚会等。

但是不要为了达标而频繁举办活动，否则不但没有起到活跃气氛的作用，还会让社群用户参与积极性降低。

（4）用户活动参与度

如果社群把活动频次作为考核指标，那么活动参与度就会自然而然地也成为指标之一。每次社群举办活动时的参与人数、用户参与活动的次数、用户参与活动过程中的贡献度等，都是制订活动参与度指标的具体项目。

如果有配套的实施方案，那么以活动参与度作为指标，确实能有效地评估社群运营质量。

但是，我们并不推荐在朋友圈集赞活动中，把点赞数作为考核指标，因为这会导致朋友圈信任透支，影响社群在外界用户的印象，不利于社群后续发展。

（5）用户转化率和复购率

如果社群有商业化产品，就可以考虑把转化率和复购率设置为KPI指标。这是健康社群最愿意看到的运营指标，转化率高意味着有回报，复购率高意味着社群能持续获得稳定的收益。

有些创始人在社群还没有培养出用户黏性，也没有具体的转化方案时，就盲目推出产品，要求用户购买。最终要么是让社群用户因为难以满足指标而丧失信心，要么就是让人感觉社群功利性严重，与自己加群初衷不符，进而选择退群。

很多人在运营社群过程中，会直接把KPI指标当成一种管理方式，这种认知是错误的。KPI只能衡量社群运营的关键质量，无法提供管理效果。

群规、制度，才是约束群员行为、协助群主管理社群的。KPI只能帮助社群上层人员评估社群整体战略目标实现进展，或是成为企业、外界对社群的估值依据。

 ## 如何激活社群生命力

打破社群新用户的陌生感

有很多社群不活跃的原因就是没有好好迎接新用户,大部分社群只注重拉人、聚粉,但是把人家拉进群之后就不管了。当新人进群,发现自己受到冷落,自然就会产生退群的念头。

社群运营者拉了很多人,但新人进群待不够几分钟就退群了,结果只会竹篮打水一场空。

只有两种情况,粉丝进群后即使被冷落,也不会立刻退群。一种是有些社群能较为精准地吸引有效粉丝,另一种是付费型社群需要粉丝交钱才能进入。这两种情况下,粉丝都会由于各种各样的原因,选择暂时留在社群内。

新用户虽然留下来了,但是发言次数寥寥无几甚至不发言。这是

因为新人进入社群，往往会有一定的心理压力，新人与社群内大部分人都不认识，不敢贸然发言，万一冷场就尴尬了。

如果新人进群后一周内都不发言，就会错过融入社群的最佳时机。当新用户无法融入，也不发言，这个群对于这位新用户来说，就是可有可无的存在，那么退群也只是时间的问题罢了。

因此，打破社群新用户的陌生感非常重要。如果把这一个步骤做好了，不仅能留住新用户，达到聚粉的目的，还能让新用户对社群产生较大的好感，保持活跃度。

具体操作，可以分为以下步骤。

第一步，群主发红包吸引群员注意，欢迎新人进群。

第二步，社群要有一个自我介绍的模板，最好包括新人昵称、所在城市、职业、技能、目前拥有的资源、需要什么帮助等信息，然后由管理员发给新人，让新人按照这个模板填好，做个自我介绍。

第三步，助手、管理员等要对此表示欢迎，最好有一定的仪式，提升新人对社群的好感度。

第四步，安排一个答疑解惑环节，让新人主动提问。如果新人没有问题，其他人可以在群里向新人问几个问题，邀请新人回答，同时也可以邀请群用户一起来回答，通过互动来增强新人和其他用户之间的默契。

第五步，由群主或特定的人员，将各个不同部门的负责人的信息、职能和任务，向新人介绍一遍（最好统一准备好一份资料，每次新人进群时，接待人员只需要把这份资料发过去即可）。

如果严格按这些步骤操作，一般新人和社群用户就会很快地熟悉起来，从而打开话匣子，形成有效互动。

有些社群在欢迎新人方面，把改马甲、发红包之类的仪式，操作得非常顺畅周全，但是在热烈欢迎过后，老用户就互相开始闲聊，不再理会新人。新用户由于与大家不熟悉，插不上话题，也只有默默窥屏的份。

因此，社群运营团队要注意，除了通过欢迎仪式增强新人对社群的归属感，还要合理介绍引导，让用户快速融入。

创造社群用户的交叉连接

什么是交叉连接？其具体含义就是用户与用户之间，有许多深度连接，比如你知道另一个用户的私密信息，与对方产生生活上的交集，有具体的接触。

交叉连接最直接的反应就是互相加微信，但是也是有条件的互加。然后大家经常在对方的朋友圈下留言、点赞，私下也有交流。

这样用户与用户之间，更容易建立情感认同，成为朋友。所以，交叉连接对于社群非常重要，在运营社群的过程中，我们要鼓励用户互相加好友，以多种方式产生交集。

那么运营者如何帮助社群用户创造交叉连接？

（1）物质

物质就是奖品、红包等，相信没人能拒绝物质的诱惑。管理团队、核心用户或者群主，都可以先发一个小额红包，以起到抛砖引玉的效果。当用户都出来抢红包之后，可以让"运气王"接着发红包。

有时候社群遇到一些喜事，比如用户生日、社群开了分群、社群产品销售突破预估数额等，群主也可以利用这个契机，持续地发一些小额红包。

在这样的氛围下，就会有用户跟风发小额红包，享受被其他人"簇拥"的感觉。自然而然的，用户之间的交叉连接也产生了。

（2）活动

社群可以定期举办一些活动，线下或者线上都可以，目的是让用户交流感情，不能掺杂商业利益。比如定期的线上小游戏、抽奖活动，线下的聚餐等。

一次活动，大约会给社群带来两周的活跃度，用户会围绕这次活动，展开讨论、交流心得。因此，社群运营团队要掌握好活动举办的周期，活动从筹备到实施，最好在两三个星期内；否则时间过长，用户就会失去耐心，间隔太短，又会让用户产生厌烦心理。

有些社群特别喜欢举办爆照活动，让社群用户评选出"群花""群草"，然后按照得票数给参与人员发放奖励。通过这样的活动，用户对一些人就会产生印象，自然就会产生交叉连接。

利用打卡增强用户的黏性

我们都知道社群用户黏性对于运营社群来说有多重要,可以说如果用户没有黏性,会直接影响社群的发展与后续效益。很多人运营社群时,要么过于死板,要么节奏混乱,导致社群无法形成良性的循环,社群用户的黏性也不高。

如何提高社群用户黏性?打卡是一个非常有效的手段。

其实人都是有惯性的,每天定时定点接收信息,或者以一定周期去参加活动,就会养成一种习惯。

利用打卡增强用户的黏性,要注意以下几点。

(1)树立一个榜样

社群用户可能会因为平时很忙,担心自己不能完成打卡,而不参加打卡活动。这时候,就需要群主、管理团队到带头作用。

因为打卡是一件非常需要毅力的事情,如果有一个或者一群带动者,每天保质保量地打卡,用户看到带动者那么坚持,就会有加入的动力。一件事情坚持久了,就会成为习惯。

(2)给予鼓励和谅解

有些社群用户一开始打卡可能很积极,但是中途难免遇到各种各样的事情影响打卡。这时候,我们不能斥责对方,而应该给予鼓励和谅解。用户觉得自己受到了关注,才会决心坚持下去。

（3）营造积极的气氛

人都有从众心理，在社群这个群体中，如果有积极向上的氛围，社群用户就会被带动着向前冲。

（4）形成竞争

如果只有鼓励、谅解，社群用户可能会对打卡活动有所松懈，可能最后就无法完成打卡目标。因此，社群最好形成竞争的气氛，我们可以给积极参与的人设置一些奖励。这样既能提高用户忠诚度，又能培养社群人才。

（5）情感依赖

在坚持打卡的过程中，一定会发生很多让人感动的事情，比如有些用户生病了，还坚持打卡，坚持分享价值。这样的例子要单独拿到群里分享，让群用户为之感动，并且鼓励其他用户学习其精神。

打卡是一件需要整个社群持之以恒的事情，因此我们可以做一些约定，比如约定一起打卡100天就做一件公益活动。

群用户之间可以几个人分成一个小组，互相监督、互相鼓励。当大家有共同的目标，想着一起长时间做一件事情，自然就会建立起情感连接，同时也增强了用户黏性。

当打卡进行到一定阶段，社群要集体复盘一下，回顾那些精彩的瞬间、难忘的故事，引导群用户产生共鸣。

/ 第三章 /

社群牧场系统

社群牧场系统是我运营"我是演说家"俱乐部社群的经验所得,本章会结合社群牧场系统,分享一些社群运营的方法。因为社群运营有很多地方是共通的,理解了社群牧场系统之后,你可以根据自己社群的具体情况,创建一些适合自己社群的系统。

 # 什么是社群牧场系统

社群相当于牧场,我们知道牧场里有牧场主、奶牛、羊群这些角色。那么社群的牧场有什么角色呢?

社群牧场系统主要由四大角色构成,分别是讲师团队、管理团队、合伙人、新用户。

讲师团队是牧场的创建者兼管理者;管理团队是牧场的管理者兼推广者;合伙人是牧场的推广者兼联合管理者;新用户就像是牧场的奶牛群。

运营社群需要我们通过不断输送干货,与用户建立信任、建立合作关系。

现实生活中的牧场,能让奶牛、羊群持续留在牧场里的原因是大片的绿草。那么社群牧场系统也是以肥美的牧草为重点,吸引用户持续留在社群里,这个"肥美的牧草"就是持续的干货输出。

要想做好社群，你要做的事情不是去挖鱼塘养鱼，而是要去创建牧场养牛。

PC互联网时代做运营的核心思维是流量思维，所以在PC互联网时代讲营销理论都是讲鱼塘理论。

流量思维的做法就是：引流——成交，只有两步。

PC互联网都是通过网站销售产品，网站没有沉淀用户的功能，流量引流来之后，如果无法马上成交，你就会永远失去这些潜在客户。

这种情况就相当于我们挖了一个鱼塘养鱼，我们是鱼塘塘主，把鱼养大了，会如何对待这群你养大的鱼呢？一般来说，塘主会把养大的鱼，一条一条地抓来宰杀，或者直接把鱼卖了换取资金。然后，塘主再养下一批鱼，养大了还是遵照这个循环。

这样做会导致两种不好的后果：口碑越来越差；引流越来越难，顾客越来越少。

因此，在移动互联网时代做运营，流量思维是行不通的。

移动互联网时代做运营，核心思维是社群思维，营销理论不是鱼塘理论，而是牧场理论。

社群思维的做法是：引流——养熟——成交——服务——裂变。

我们把流量引流过来之后，不是立刻成交，而是要有一个养熟的过程。今天的流量引流过来了，可以先等它沉淀下来，然后花时间养熟，把流量变成粉丝。

只要养熟了，成交就是一件很自然的事情，成交之后并没有结束，你要立刻以高品质的服务跟进，最后形成裂变。

打开社群营销思维最好的方式是让客户参与社群营销实战。群主孙水在运营社群中，首创了向客户开放社群，让客户在社群进行产品或项目销售，这是社群运营中的大胆尝试和变革。

社群到底是什么？拉几百人凑在一起，建一个群，就是社群？建一个群、制订一个群规就是社群？

一个有价值的社群才能长期存活。社群持续发展的根本是要产生经济价值，变现是直观的体现。

"孙老师，我的朋友想要进入您的社群，参与社群营销实践大赛，可以吗？"部分社群群主在过滤客户时，孙水的客户主动转介绍。

社群营销实践大赛，本身就是一个会场，生活中人们能够站上几百人舞台的机会很少，真正渴望突破的客户就显得非常积极。

孙水对社群营销实践大赛的活动筹备方案如下。

过滤客户中告知社群有社群营销实践大赛活动。第二天早课结束后开放报名，把参与社群营销实践大赛人员的名单及销售项目提交到秘书长处。

名额限制：5～10名。目的是激发群友参与积极性，如果活跃度非常高，就开放两天执行。

销售活动中限制3张照片，拒绝发链接。

活动时间：每个人5～10分钟，直接面对群友做成交。

活动结束后，邀请群友发表活动感言。比如邀请成交的群友说一下为什么愿意支付？邀请没有被成交的群友分享原因和疑虑。

社群群主听完后对活动做逐一点评，给予合理建议，并且一对一沟通指导，对意向性客户进行针对性辅导。

第三天社群群主再次开放3个活动名额，名额开放完毕，社群群主在社群进行示范演练。

社群营销实践大赛的开展，打开了客户社群营销思维。无论过去拥有多大的团队，做出多少市场业绩，进入陌生环境中，面对陌生客户，不是项目、产品好就能销售出去的，你要建立信赖感，人们首先信赖你，才会为你的项目或产品买单。

社群群主通过三天的持续贡献，一对多、一对一沟通，将弱关系转化为强关系，第三天示范中，成交就非常容易。

客户确认社群营销的价值后，他对俱乐部的认知度就不仅仅停留在微课堂层面，产品、培训、社群营销、学习、创业平台、多个关键词，都能用来满足客户的不同需求。

流量思维是成交之后就结束了，所以大部分人在天猫、京东上购物时，很少会去同一个商家重复购买。即便是购买同一款产品，顾客也不会再去找之前那家店，这就是没有把顾客变成粉丝的下场。

社群牧场系统理论，就是说你建立了一个牧场，你是牧场场主，你需要把奶牛、羊群圈在牧场中养大。场主会关心奶牛、羊群吃得好不好，睡得好不好，因为场主希望奶牛产奶，进而用牛奶换取经济收入。他也会希望奶牛生孩子，逐渐壮大这个牧场。

社群中也是如此，你是社群群主，就要去研究人性，和社群用户交朋友，贡献你的价值。当你面对社群用户时，在变现过程中，你最好确保自己所提供的产品和服务，能让用户觉得物超所值。

 **社群牧场系统的优势**

社群牧场系统的优势在于它是移动互联网上与客户建立信任感的最佳途径之一。

微信是中国第一个用户数超过 10 亿的 App，与其说微信代表了移动互联网，倒不如说微信就等于移动互联网本身。所以在未来，很可能大多数的商业行为都是围绕着微信展开的，微信中的社交关系是产品取胜的最大关键点。

在微信中，存在着很多弱社交关系，但是这种弱社交关系不能给我们带来任何的价值。每个人都有微信好友，但是事实上我们也许对微信中的好友情况一无所知。自己问自己几个问题就明白了。

你知道微信中的朋友都叫什么名字吗？

你知道微信中的朋友都来自哪里吗？

你知道微信中的朋友都是做什么的吗？

你知道微信中的朋友都有什么需求吗？

你知道微信中的朋友都有什么爱好吗？

如果这些问题我们都答不上来，那么就说明我们和微信中的朋友关系太弱了。弱关系是很难有成交的。我们只有把弱社交关系变成强社交关系，才能产生巨大的价值。

什么是强社交关系？就是刚才问的这些问题我们都能准确地回答出来，我们能回答出来，就代表我们和这些人成了真正的好友了，这样的关系就可以实现商业变现的目的。

学习微信社群牧场系统，我们就能把微信中的弱社交关系变成强社交关系。

社群改变了人们获取信息的方式。今天我们信息传播的主战场已经从过去的门户网站、搜索引擎转移到了移动端手机微信中的微信社群。比如我的生活、我的工作、我的事业都是在各种群中完成。

我有700多个俱乐部工作群、100多个商学院群、无数个合伙人群、我自己开设的品牌成长课程辅导社群、我的生活群、各种同学群以及我生活中业余爱好群，总计约1000个群。

在这些群里我都是最重要的角色，比如在俱乐部和商学院群，我自己是创始人；在各种培训班、线上辅导群，我是讲课辅导老师。

这么多群会有多少人？大约50万人。

也就代表我在这50万人中是有影响力的，我说话做事他们都会听，都会关注。我有什么产品需要推广和销售，这些人也会帮助我推广和购买。

比我们拿几亿去做广告的效果还要好。对于中小企业来说，囤货就是重资产运营，囤人就是轻资产运营。

那么社群就最有利于帮助中小企业转型，可以让中小企业从"重资产"运营模式转型成"轻资产"运营模式，社群是个人创业者最核心的成功驱动力。

因此，学习并且使用好社群牧场系统有助于我们玩好社群，轻松实现变现。

 社群牧场系统的五大子系统

拉群子系统

大多数市场人员做不好销售的真正原因有两点：一是没找到对的客户，浪费了自己的时间，又无法促成交易；二是不懂销售技巧。

他们的心里都有一笔糊涂账，不执行加粉，害怕群发，没有流量端口，成交就无从谈起。但现在无论做什么生意，人都是第一要素，社群运营也不例外。流量时代已成为过去，粉丝经济时代到来。

传统行业品牌策略中，广告投放是商业经营常态。但转化率能有多少呢？可以从厂商、品牌商的转化率百分比来看，大多数都是惨不忍睹的。这也正是很多企业每年广告费支出超额，账面却年年亏损，导致企业经营不善倒闭的根本原因。

线上微商做活动，发红包让粉丝点赞朋友圈是1元起，网红直播

的粉丝 0.25 元 / 个，并且平台只给投放网红页面，这样投放的页面和传统广告没有区别，同样都需要转化。

不管是过去的微博、微信公众号，还是如今的直播，都有一个转化的过程，而微信端口精准定位客户，社群持续价值输出，培养信任感下的合作变得更轻松。

138 群的群主崔北雪深谙其道，他原本在北京做厨师，月收入丰厚，甚至超过当时国有企业员工的收入待遇。后来，电子商务发达，他看准了物流生意，于是关闭餐厅到天津开物流公司。

虽然物流公司开得红红火火，但是 11 年他打过 6 场官司，其间发生过一些大大小小的车祸，当时投入了 10 台大货车，又长期垫资运送货物，风险远远高过了回报。

于是，他考虑再三，还是决定关闭物流公司，加入我们，全心投入到社群系统运营中。崔北雪有 11 个微信号，每个微信号 5000 人，共 5.5 万人，并且每天还在不断更新优选。这是为什么呢？

崔北雪告诉我们秘诀："我们每个人都有很多微信群，如何让彼此成为朋友？加粉要真诚。"崔北雪加粉通过率在 90% 以上，这同样是我们做社群的精髓。

他认为知识经济时代，人们是愿意为成长付费的："3 万人可以终身和老师学习演说销售、两性关系、亲子教育等多个板块课程，还有产品送。5000 个粉丝里找出千分之一就是 5 人，如果我们的营业额是 16.5 万元，那一个粉丝就价值 33 元。相比之下，做传统行业，投放广告就是在砸钱。"

如今我们的微信上存在着各种各样的社群，但是为什么很多社群消失了，我们的社群还是一如既往地活跃呢？一方面是因为其他社群群主缺乏价值输出的能力；另一方面是他们没有我们的社群培训系统——拉群子系统。

拉群子系统不是简单拉一群人到社群充数，而是精准筛选。如今有一些社群，甚至会采用付费过滤的方式，获得精准客户。

拉群子系统，主要是解决拉客户进群的问题。

首先，一定要拉对的用户进群，拉不对的用户进群，除了占据社群一个名额之外，没有任何意义。

什么是对的用户？对的用户就是真正有需求的客户，他们和社群的目标、价值观一致，并且有共同语言。

拉群子系统运作是零成本引流，一般是通过批发式文案吸引用户，然后由管理团队过滤筛选精准客户。文字、图片、视频、故事文案甚至直播都是拉群子系统实操过程中能运用到的方法。

以下具体阐述一下拉群子系统中的直播引流拉群方式。

直播的兴起造就了网红，但是网红，并不只是指美女。在某一领域有影响力、拥有大量粉丝的人都可以称之为网红。

社群群主作为社群领袖，通过直播和粉丝、用户互动，能让个人品牌得到更加广泛的传播。与网红直播相比，社群直播更加注重内容输出，社群直播所面对的粉丝是精准的。因此掌握社群直播精髓，是促进社群成交的核心。

（1）主题化直播

"社群运营高峰对话"是"我是演说家"俱乐部直播的主题。它由俱乐部六位核心领导人组成高峰对话，向观众展示了社群牧场系统的发展，揭秘社群运营的核心。

（2）直播的目的和意义

直播一方面能促进社群管理团队和经销商的交流，建立更加稳固的合作关系；另一方面，也能推动部分潜在客户与社群合作。

（3）直播的推广

开播前 10 天，社群密集宣传，积极在朋友圈发布直播消息。

（4）直播的活动形式多样化

为了满足不同的客户需求，直播内容需要配备娱乐化的歌舞、高价值的社群干货输出、大额红包、礼品等。

（5）直播前的一对一沟通

社群运营人员和客户的一对一沟通是直播经销商招募的重点，80% 的用户对社群的认识停留在学习层面，自己并不懂如何参与社群经营。因此，运营人员与其一对一沟通，就能更好地掌握客户的疑问，让其带着疑问看直播，然后利用直播解答对方的疑问。

（6）直播中注意控场

由于直播是对所有人开放的，所以可能会出现竞争对手在直播中进行捣乱的情况。导播和管理员需要高度注意，及时控场，给观众带来舒适的直播环境。

（7）直播后进行回顾

建立一个临时的直播活动回顾群，将有意加入社群的新用户拉进去，然后由社群群主对直播活动做总结，并邀请3~5名观众进行语音分享。争取在回顾的过程中，招募一些精准用户。

养熟子系统

"养熟"就是你和你的潜在顾客建立信任感，和客户建立信赖感。首先要掌握客户的心理，客户刚进入社群后，通常会思考以下几个问题。

这个社群安全吗？

创建者是好人还是坏人？

有没有未来？可以得到其他什么？

你拉我进去干吗？

建这个群目的是什么？卖产品？推荐项目还是卖课程？

这是个什么群？

养熟子系统的目的在于解决社群和客户建立信任感过程中所遇到的问题。当你建立一个社群，新用户进入到你的社群时，对方会产生什么想法呢？

人进入到一个新的环境，开始做一件新的事情时，会带有天然的抗拒感、不安全感。

要解决以上问题，突破新用户的陌生心理，首先我们可以让新用户了解群规，知晓社群的输出价值、主讲老师以及课程安排。然后再根据每个社群的特点，持续做一些能提高用户对社群信任度的事。

在实际运作社群中，建立信赖感有四大招。

第一招：初步熟悉

这里以群友见面会为例，分享我们平时的做法给大家。

群友见面会可给群友提供展示自我的空间，让群友敞开心房。

我们可以在群友见面会还没开始之前，就私下去找我们带进群的客户，告诉他们，今天晚上有一个面对500人分享的机会，然后问他们是否愿意参加。大部分客户都不会拒绝，因为谁都不想放过打广告的机会。

当然也有客户说："我不会"。我们回答："我可以教你。"然后把自己的3分钟自我介绍发给他，教他在什么情况下这样发自我介绍。只要有机会和他私交，就可以让他感受到我们的用心。

如果客户接受这样的方式，参加群友见面会，那么在群里分享的时候，客户一定会透露个人信息和需求，这个时候我们就要记录客户信息。

其次是我们的个人照片展示，因为我们是群主或者是管理员，肯定要让大家看看我们长什么样子。挑一张你认为最好看的照片当个人头像，这样会让人感到赏心悦目。

如果我们不会自拍，可以去拍一套商务形象照，用商务形象照当头像显得更专业，更令人信任。

大家在群里熟悉后，就全面销售这一期的课程，塑造课程主讲老师的专业度和形象，让客户迫不及待想听老师分享。

第二招：介绍讲师水平

向客户介绍社群运营系统、社群运营团队以及核心讲师团队。

我们社群的讲师有：初级讲师、中级讲师、高级讲师、核心讲师、王牌讲师。讲师是在社群中做持续价值输出的人，他们的工作就是讲好课，做好价值输出。

第三招：活动、话题、课程、点评

活动是给那些想玩的人准备的；

话题是给那些不想玩但是想说的人准备的；

课程分享是给那些想锻炼自己的人准备的；

点评是给那些想不断展示自己和提升自己影响力的人准备的。

倾听比诉说更容易建立信赖感，沟通就是听与被听的艺术，因此我们要少说多听。

我自己的微信中有4500个好友，我在发朋友圈的时候，给我点赞的人非常少，评论的人更少。大概只有千分之一的人会做走心评论，所以做这个动作的人一定会被记住。如果持续这样做，那么我们和对方一定会成为知己。

这样做的核心在于：这是一种表现重视的方式，因为任何人都希望自己被重视。

因为如果我们贡献不了我们的价值，那就去贡献我们的时间，去关注关心别人。

我们应该如何去做？执行 + 坚持 = 养成习惯。

第一，圈出重点客户。

第二，每一天定量去做走心点评。

自己给自己制订任务：早上 1 小时加晚上 1 小时，坚持一个月去朋友圈给好友做走心点评。

如果有团队，那么就更要复制下去。我们做监督，然后给团队制定 KPI 考核机制。

第四招：运用小号

小号就是我们的另一个身份，微信小号可以做的事情太多了。

准备多个小号，可以用平板或者多个手机登录，一定要设置真实性的小号。

使用小号的意义：推崇想推崇的；带动分享，带动成交；寻找问题的答案。

例如如果有人捣乱，一开始我们可以用小号说话，让群主踢人，从客户的角度去维护社群。

俱乐部 9 群群主王建骅在 2017 年全职运营社群。他认为群友见面会，是社群中管理员和客户建立良好关系的第一步。首因效应影响着客户和群管间的信赖度，以及对商学院、合伙人的认知和认可度。

在运营社群的过程中，他一直坚持"你给我百分之一的信任，我会给你百分之百的奇迹，只要你愿意拉着我的手，我一定会带着你闯出一片天地，绝不放手。"就是这种真诚、用心做人的态度让大家非常信赖他。

一次性成交数百人，王建骅把社群成交的成功之处归结为社群群友见面会。他把社群群友见面会的具体做法分享了出来。

社群开课前，让管理员和所有合伙人明确群友见面会的重要性。因为社群的活跃度决定了它的生命质量，而群友见面会，是提升社群活跃度较好的社群活动。

社群管理员和所有参与社群运营人员写好自己的 1 分钟自我介绍和 3 分钟自我介绍，准备个人成长图片对比照，开始向学员介绍自己，并告知群友见面会的安排，让学员知晓。

活动预告。学员进入社群后，管理员在社群提前预告群友见面会的意义和安排。

一对一沟通学员是否认真地准备了自我介绍，教会他们做好 1 分钟自我介绍，并且我们可以在这个过程中了解学员的经历和痛点。

群友见面会前特别强调开放的社员分享名额有限，文字版自我介绍时间段内自由开放，语音分享限制在 5～10 个名额。

主持人对社群群主做简单的介绍，社群群主组织群友见面会，所有参与见面会的管理员发言要精辟、简洁、有力度。

给新人更多发言机会，让其充分展示自己。

群友见面会中，对学员的分享做真诚点评。活动结束后一对一进行沟通，了解学员对见面会的感受。让学员对个人品牌有一定认知度，提醒他晚上准时听课。

学员分享完毕后，主持人做简单总结，邀请社群群主对社群接下来几天的社群安排、商学院等做详细的说明。例如：

"各位学员下午好，来到这里我们都是为了学习提升的。很多朋友问老师，学完后会不会有成交？我在此明确地告诉大家会，第 2 天如果你觉得听这个课程非常值得，可以来我这里报名，老师私人辅导。

第 4 天到第 6 天，我们会开放商学院报名名额。第 7 天、第 8 天招募合伙人，所有报名金额可以累计。我当初也是和各位一样带着疑问的心态进入到社群，听了 6 天的课后，获益良多，并且这些公益课程都是免费的、开放的。

无论您是否报名付费学习，我们所有管理员都非常感恩能够为您服务。因为我从过去的一个农村小学校长成长为千人团队领袖，正是在社群不断学习获得的，我将竭尽全力帮助您。"

打造仪式感。群友见面会后，社群群主宣布开学典礼正式开始。

王建骅就是这样通过群友见面会给群友价值，并且让群友对他产生信赖的。

成交子系统

成交子系统主要是解决成交收单的问题，从销售层面来说，只有成交才能带来利润，其他的一切都是成本。

所以成交是社群运营的核心驱动力，从我运营社群的经验来看，我觉得绝大部分社群阵亡的原因就是有资源却无法变现，简单地说就是无法成交，赚不了钱。当你无法将资源变现，没有收入，你就很难持续做下来。

成交的最高境界是人品征服，顾客是粉丝，而不是上帝。

美国管理学者彼得斯说："21世纪的工作生存法则就是建立个人品牌。你的个人品牌源于你的高价值，持续为他人提供价值，打造自己的粉丝王国，让自己变得不可代替，那么成交对你来说，就像呼吸一样简单。"

社群为我们提供了打造个人品牌的机会，持续的价值输出帮助我们增加粉丝。传统营销中，人们的观念是顾客是上帝，如果你把顾客当成上帝，那么你将永远没有客户，因为没有任何人见过上帝。

对于企业而言，利润才是王道，没有成交，都不是真正意义上的销售。

顶尖成交高手的三大核心秘诀：破钱关、蓄能量、练技巧。

破钱关，是成交的前提。富人把钱看成是工具，穷人把钱看成是命。花钱的目的是获得比钱更值钱的东西，打破穷性才能打破穷命。

你是如何看待钱的？你是如何对待钱的？你是如何花钱的？

想清楚这三个问题非常有助于你破掉金钱观，花钱本来是一件很快乐的事情，但是为什么有的人对此会感到难过、痛心呢？就是因为他的金钱观没有破。

当我们自己的金钱观改变之后，我们才能说服自己的客户，帮助对方破掉陈旧的金钱观。

成交的核心是自信。心无底气，拥有再多的成交方法和技巧都没有用。销售中，我们发现，很多人执着于向顾客陈述自己的企业文化、产品功能、竞争优势、售后服务，最后却不敢提要求，不敢收钱，觉得"不好意思""怕顾客后悔"等。

其实这都是心理障碍，你要扫除这些障碍，明确自己的目的，才有可能获得成交。

顶尖的成交高手都是给客户创造好奇感的高手，在成交过程中，多问多听少说，谁说得多谁就负责把产品带回家。

教顾客把账算清是顶尖成交高手的一大绝招，生活中大多数人在做决定时只看重眼前，因此我们要帮助对方把目光放得长远。

客户在做决定的时候为什么会犹豫？因为客户不会算账。你要让客户知道做这个决定最坏会出现什么样的结果、会有多少损失。但是往好的一方面去看，做这个决定又会带来哪些好处、有什么价值。

一定要将价值换算成能看得见的利益，当好处和损失放在一起比较时，顾客就会发现，好处远比损失多得多，既然如此，他还有什么理由不做决定？

最后，想要成交生意，就必须练习销售技巧，其中最有效的技巧就是零风险承诺。客户迟迟不肯交钱，是因为担心自己做出的决定会带来风险。

人们在做决定的时候想的都是不好的一面，如果你不能破除客户这种顾虑，客户会很纠结，收钱就会变得非常困难。破除顾虑最好的方法是做承诺，但承诺是有前提的，你要选择一些自己能做到的事承诺，达成双方合作的共识。以俱乐部62群群主范菲裙为例，她说："一切成交的基础是建立极致的信任感，然后满足需求。对于大部分销售人员而言，面对面沟通成交都非常困难，更不要说在线上社群中了。"

除了超附加值地满足客户需求、拥有超前的商业模式和优越的制度，社群群主如何还能打动客户的心，实现自动成交？

范菲裙给出答案：微信早安分享。

与其他社群早安分享不同，她是用语音＋文字＋图片的分享方式持续做价值输出。每天早上，她首先群发一句互动的话，但是客户看不出来，也感受不到这是群发的，然后，她用语音分享，单独分享给个人比我们在社群中讲课式分享建立的信赖感更强。

她每天早安分享的时间在10分钟以内，分享中抛出互动话题，加深和客户的链接。内容分享时提炼出关键词，用5～8条语音解读，

1条为60秒。分享结束后,她再用文字或者图片来预告第二天分享的主题。

后来,她总结社群运营经验,认为她的团队之所以成功,是因为做到了以下几点。

和用户深度建立连接,每天发表演说、分享干货,建立信任感。

提供解决用户问题的方案,让用户感受到社群的价值。

抓住时机成交,做好售后服务。

善用ABC法则。A是Adviser,即顾问,你可以借力的对象,包括会议、公司、上级领导、资料等;B是Bridge,即桥梁,指的是你自己;C是Customer,即顾客,这里指客户或者即将成为你的合作伙伴的人。

使用ABC法则的步骤如下。

第一步,把客户基本信息、存在的顾虑告诉老师,确认时间。

第二步,推荐合适的老师,并且和客户确认时间。

第三步,自己建立小组交流群,首先把客户和老师邀请进群,发个红包表示欢迎。然后自己主持,简单介绍自己和感恩公司,接着全面介绍老师。最后让客户做自我介绍,把心存的疑问有序地罗列出来发在群里面,请老师进行专业化解答。

我们俱乐部115群群主黄晓滢也分享了她自己成功的案例:

"黄老师,你们商学院讲师,我百度没有查到,看来没有什么名气，如果我要跟他们学习，靠不靠谱呢？"刚进入社群的陈李娇心里有很多的疑问。

"黄老师，你们的课程比其他商学院的课程贵好多。"做医生的李宏艳和雷仕凯去网络对比了一下各家课程后，向黄晓滢抛出了这个问题。

"黄老师，现在爱学习的人太少了，如果我报名合伙人，赚钱太慢了，所以我要再考虑一下。"张成聚听完社群合伙人招募课程后，认为赚钱的速度太慢，当时他负债数百万，急需寻求一个快速赚钱的平台。

"黄老师，我们公司有自己的培训系统，你叫我参加线下的学习，是为了让我做你的项目？我不会放弃自己的项目，所以我不想来。"

社群运营中，黄晓滢常常接到客户这样的回复。靠不靠谱？赚钱快不快？能不能拿到结果？这些是客户最关心的问题。

客户在做决定的过程中，风险评估、价值大小、预期回报是他们考虑的三大要素。价值对比法明确价值，是客户做出决定的参考标准。

靠不靠谱

"您买珠宝，是比较注重珠宝的品质，还是比较在意包装盒呢？我想您比较注重的是珠宝的品质，买椟还珠的人还是少数。我们商学院的老师，您可能没有听说过，所以您认为他们没有名气。"

"但是他们每天晚上面对 700 个社群做分享，累积影响了几百万人次。您所讲的大师，我给您算个账，他们一个月就算开 30 场培训，每场 2000 人，影响也就 6 万人次左右。我不知道您怎么看待名气这个东西，但这个课程您是认可的对吗？"

线上付费学习的对比

"非常感谢您给我反馈费用的问题。我们的俱乐部课程不仅仅是提供您学习的舞台，还是可以给您提供实战的舞台。我不知道您在其他地方有没有这样的舞台，但学习是为了践行，学了不用，等于白学。"

"您觉得我们为您提供的这个实战舞台价值多少呢？一定远远超过现在的价格，对吧？"

赚钱快不快

"赚钱快不快，就看和谁比了。我不知道您比较的对象是谁，您比较的平台是哪一家？您看，过去运作资金盘的朋友赚钱非常快，但失败的速度更快。一个人如果成长非常快，您觉得他赚钱的速度会不会慢呢？"

"过去，我是一个农村宝妈，天天在家相夫教子，没有任何收入。现在，我通过运营社群月收入几万。可是对于我而言，我认为这只是一个开始，因为我的成长速度远远超过我身边那些千万富翁的朋友。"

"您既然是一个看重速度的人，那么就更注重自己的时间价值。公众演说、批发式的销售，您觉得成交的速度是您想要的吗？并且我们有自己的培训系统。我们学习的目的是什么呢？我们是为了拿到结果，对吗？您是觉得结果更重要呢，还是平台更重要？"

"我想还是找对平台，拿到结果最重要。您来学习，可以在您的平台实践,并且拿到结果。如果您在自己的平台一直都没有拿到结果,再来这里学习,觉得这里有您想要的,您也可以多一个选择,对吧?"

上班太忙了,没有时间到地面学习

"人和人最大的区别在八小时之外,您赞同吗?线上的学习是非常灵活的,您可以利用碎片化时间学习。您告诉我您希望扩大自己的圈子,一边学习,一边获得顶尖的人脉圈子对吧?但现在您说地面学习成本太高了。"

"我给您算了一笔账,来回车旅加学习场地费2000元左右,这一趟学习需要5天时间。您之前在各个培训机构学习得非常多,最低都要980元,这方面您应该比我清楚。"

"但是学了之后没有人帮助您落地,没有人给您创业的机会,所以您学了很多,但是也没有拿到满意的结果,对吧?"

"您学习了那么多次,也不会多这一次,为什么不再试试呢?"

通过对比,黄晓滢让学员知道了我们俱乐部的价值所在。

总之,任何销售技巧的核心,都是通过给客户更高的附加价值,让客户快速做决定。

服务子系统

服务子系统主要是解决如何"收心"的问题。销售打天下,服务定江山。你能否给客户带来惊喜、是否用心服务、是否在乎客户的体验，将决定对方是否会和你长期合作。

任何行业，为顾客带来更好的服务都是我们要加强和贯彻的。作为社群创始人兼运营者，我们必须重视服务的重要性。

打造社群极致的服务系统，首先要掌握服务的三大核心点：满足需求；化解抱怨；超出期望。

那么要做到以上三点，有什么方法呢？下面以"我是演说家"俱乐部社群为例进行介绍。

（1）社群运作服务标准化

收集社群新用户的信息，最好制成表格，供随时调阅，表格内容包含客户姓名、联系方式、基本情况、需求点、希望解决的问题。

了解你的客户属于什么类型，尽量满足对方的需求。

（2）从弱连接到强连接

每天提醒听课，第 1 天到第 6 天，每天课前半个小时以上用文字或语音分享提醒。一开始可以复制借鉴老师的话术，但慢慢地要有自己的韵味，传递价值的同时有真情实感。

帮客户整理学习资料、修改作业、设计个人品牌头像。

朋友圈积极互动。

电话持续跟进。

送点小礼物。

多麻烦客户，只有制造联系才能有关系，有关系才会有情义。网络上你不找我，我不找你，我们的感情就淡了。

俱乐部127群群主罗永权说："服务重要的一点是倾听，倾听是建立信赖感最好的方式。"

生活中沉默寡言的他，极少主动和别人说话。如果他在传统销售企业中，恐怕很难通过面试。社群营销让他摆脱了贫穷的困境。

"罗老师，我给您讲讲我的故事，我的经历太丰富了，您有耐心听完吗？"

"我是来自哈尔滨的孙立春，我以前开过网吧，曾是事业单位市劳动模范干部。2016年我在全中国最有知名度的培训机构学习，报了30多万的课程……"

"罗老师，您在吗？我今天把您教的一分钟自我介绍给我妹妹说了，她可羡慕我了！我很开心，我就叫了一些朋友一起聚会，您啥时候来哈尔滨，我带您看冰雕去……"

无论是早晨、中午，还是晚上、凌晨，罗永权给客户的感觉都是那个24小时在线，会耐心聆听他们故事，还能给他们解决方案的人。

"罗老师您好，我是思涵，不怕您笑话，我害怕舞台，不敢演讲。我现在是商会副会长，有时候要组织活动发言，您说我能学会演说吗？" 来自西安的企业家思涵，做着上千万的建材生意，但她恐惧演说。

"当然能。"罗永权一直鼓励着她。

花了一个晚上整理稿子,她终于鼓足勇气在社群分享自己的故事。她被罗永权的暖心服务打动,在西安组织了社群群英会,并且号召自己的企业家朋友学习社群营销。

聆听客户的心声,聆听是架起友谊桥梁最好的方式。

那么,如何做客户的聆听者呢?

罗永权总结了几点。

在客户倾诉前确认客户需要解决的问题是什么。

"姐,您先告诉我,接下来您需要我解决的问题是什么?"

客户在倾诉中不断肯定她。

"非常好,请您继续说。"

确认客户表述的意思。

"姐,我总结了一下,您刚刚表述的有几点:一、二、三、四……,不知道我理解得对不对?"

"您还有没有需要补充的呢?"

为客户提供解决方案。

"根据您的表述,我提出几点建议:一、二、三、四……"

俱乐部131群群主杨歆艺对于服务也有自己的看法:"服务不在于做了什么,而在于什么时候做。"

社群的作用是快速建立信赖感,持续分享建立的信赖感,为与客户电话沟通做好了铺垫。

赢在服务，优质的服务是回报率最高的投资，这是杨歆艺做市场的一贯原则。客户进入社群第一天，群主或管理员首先要做的就是去关心他，简单地做自我介绍，然后提醒客户去听课；第二天，群主或管理员让客户分享学习的心得体会；第三天，和客户交心，把他们当家人看待。

"刘姐，我们做生意的一般都是一对一沟通。如果我们能学会一对多沟通，能节约多少时间，您算过吗？"刘宏云开始十分排斥社群的课程，但杨歆艺并没有放弃帮助她的决心。她教她做一分钟自我介绍，三分钟塑造性自我介绍……

过新年的时候，杨歆艺约刘宏云见面："姐，我曾到海外创业，回国后一直寻找创业机会，但我们都很清楚，传统生意需要资金和人脉，负债几百万的我哪里还有钱创业呢？但是，我是做过老板的人，又如何甘心给别人打工？"

杨歆艺的亲身案例让刘宏云感触良多。

70后的吕坤华曾是一名保安人员，他一直在找寻机会为孩子创造更好的生活。杨歆艺的鼓励和带动，让他在一年内成了团队领袖。

80后的范世贵，曾做着工程，整日被三角债包围的他，苦苦找寻转型的机会。来到公司，有专人手把手地教，范世贵迅速成了杨歆艺的得力干将。面对伙伴带来学习的朋友，杨歆艺还提供个性化服务。

大部分人不是觉得社群不好，而是觉得自己不够优秀。解决客户的信心问题，是恰到好处的暖心服务。

裂变子系统

裂变子系统主要是解决复制推广的问题。社群想要扩大规模，就少不了社群裂变，同时，这也是一种招募新用户的低成本方法。设计社群裂变规则，需要从流程的各个环节进行考虑，这些环节包括裂变驱动力（起始）、裂变临界点（进行）、裂变的规则（引爆）和裂变的留存（后期维护）。

（1）裂变驱动力

驱动有很多方法，很多人会通过发红包、给优惠、送奖品等手段吸引粉丝。然而，驱动力不只是折扣优惠、会员资格，最主要的驱动力，是能够使社群用户高度认同的价值。

虽然大部分社群是以利益为目标建立起来的，但它存在的价值除了金钱，还有人脉、资源、见识、能力等，这些"软性"价值，可以提高用户认同度。

只有用户认可了这个组织，才会积极参与到社群裂变中。

（2）裂变临界点

在实行裂变策划时，可能会因为引爆基数不够，或者渠道偏了，而影响传播效果。

引爆基数不仅仅是指社群的人数，还包含了用户对社群的情感连接程度。社群的性质，决定了它有来有回的双向沟通逻辑。因此我们既要看准人数的裂变临界点，也要抓好用户情感裂变临界点。

只有打好裂变的基础，抓住形成种子势能的用户，再进行裂变，社群的运作模式才能被完美地复制。

（3）裂变的规则

社群的裂变需要一套完整的规则，你要考虑裂变者和新裂变用户的利益，还有裂变用户的升级机制以及裂变中可能会遇到的困难。

在活动开始前，一定要把裂变的机制考虑透彻。因为规则就像法律，如果裂变规则漏洞太多，不仅会让裂变变得困难，还会给后续工作带来很多麻烦。

这里有两个小的技能分享给大家。

在传播工作方面，只要给予用户一定的奖励，比如送积分、红包、VIP身份，就能让用户产生优越感，这样，他们也会更愿意向其他人推荐社群。

在制度设置方面，主要考虑好裂变的层级、人员的分配。

（4）裂变的留存

留存是很多人做社群裂变的时候没考虑到的，或者是完全理解错了的。有些运营团队会采用广告思维去做运营，简单来说就是不允许其他人发广告，但自己天天发。这样不用多久，社群基本就成了水群。

其实裂变的留存跟裂变的驱动力，在操作方式上有很多相似之处，其中最重要的就是建立情感连接。

俱乐部原5群群主陈飞燕认为统筹是社群系统裂变的核心。

统筹能力是一个领导者的基本能力修炼，统筹一个家庭的发展，指引一个家庭未来的方向，飞燕自小就凸显了自己的领袖气质。

2016年，她推心置腹地和自己的父亲交谈，父亲接受了她的建议，让两个哥哥跟着自己从零起步学习社群。妹妹的一片苦心，得到了两个哥哥的信任。2017年8月，三哥陈飞军通过社群运营，打造了属于自己的千人团队，二哥陈飞军从不知道如何用微信开始，一年多时间，也快速打造了自己的千人团队。

社群运营的核心关键词：统筹。它是社群运营成败的核心。社群的活跃度，决定了社群成交的质量。作为俱乐部社群首席活动策划师，陈飞燕有了初期的统筹思维。

社群6天公益课程，每天20:00商学院核心讲师进行干货输出。如何激发学员的积极性，参与互动？她策划了公众演说主题PK活动，如"我这辈子最感恩的人""人生最让我感动的一件事""我的梦想"等。通过这些主题活动，让学员打开演说开关，打开心门，为渴望学会演说说服力的朋友提供展示自己的舞台。

俱乐部早期没有早安分享，如何安排活动，让社群保持活跃度？这些看似简单的活动，如何结合商学院核心讲师的课程进行？这是一个活动策划师要考虑的。

现在朗读、唱歌、绕口令、成语接龙等活动丰富多彩，甚至有社群营销实战等活动。活动参与的流量入口也随着社交工具的发展不断丰富，如互动吧、直播、抖音等，陈飞燕一直在社群新营销探索的路上。

经营一个社群似乎轻而易举，今天在微信上大部分人都有一个身份——群主。而作为社群营销的群主，我在"超级群主密训班"说过："一个群主决定一个社群的生死。"

社群的裂变速度是巨大的，当你拥有 10 个社群、20 个社群，甚至 100 个社群，统筹显得至关重要。

统筹分为三个阶段：社群开课前的统筹，社群开课中的统筹，社群课程结束后的统筹。

社群管理人员岗位竞职演说 PK 是社群开课前关键的统筹步骤。

谈论到社群统筹，陈飞燕认为这是重中之重，它关系到社群管理人员对岗位的认识，清晰定位每一个岗位的职责和工作内容。

课程开始前两天，社群管理人员包括群主、副群主、纪委、秘书长、财务、活动策划书、组织团队会议，让团队人员进行社群岗位竞职演说 PK。

课前社群的岗位分工，具体工作安排除了商学院核心讲师每天晚上 20:00 课程、社群管理人员每天的早安分享内容、主讲、主持外，还要有课程前的活动安排、每个人社群邀约目标、商学院成交目标、合伙人成交目标、奖惩机制等体系化管理。

社群开课中的每日工作总结帮助管理员提升社群运营能力。社群运营中，团队配合是一个社群运营的灵魂。商学院讲师、社群管理团队、合伙人、新进学员构成一个生态社群。社群管理人员对商学院讲师个人品牌传播起至关重要的作用。

商学院学员、合伙人是受益者和见证人，他们的分享对新学员的触动更大。和客户一对一沟通存在什么问题？是否能真正解决学员的问题？成交铺垫的效果如何？遇到什么困难？每天课程结束后，陈飞燕都会和群主进行总结，共同拿出解决方案。

"合伙人潜水，不出现，所以这一期群活跃度不好。"这是多个社群群主曾遇到的问题。

陈飞燕会用电话确认合伙人的时间安排，灵活分配时间，所有社群群主集中到1个社群，定时交叉互动，小号配合互动。陈飞燕的这一方法，有效解决了社群中互动的问题。

社群群主在顶层设计的系统运营中灵活地把控社群元气走势是决定社群活跃度、参与度，最后决定成交量的关键。

没有社群元气，就没有社群成交。

所以，运营团队一定要促进用户交流，先让大家建立感情联系，这样社群用户就不会轻易退群，社群的稳定性就能得到保障。

通过各种非利益的活动，逐步让裂变节点和裂变后的用户参与进来，不断增强用户的认同感和归属感。在此基础上，即使社群裂变速度加快，也不会造成用户流失，这就是裂变的留存的意义。

第四章

线下团队

　　线下团队是社群营销中非常重要的一环,现在很多做社群营销的人都把精力放在线上,以为有线上的交流就足够了,这是一种严重的错误思想。人们渴望去表达、去改变、去追求价值和创造生活,而线下社群能很好地融合这几点需求,因此,运营线下团队是社群营销中非常重要的一个环节。

 社群线下发展的重要性

社交媒体发展越来越迅速，我们发现，每个人微信里至少有5个群。加上近年来微商越来越多，我们经常不知何时就被拉入群。群消息一多的情况下，很多人的选择是屏蔽信息。

线上社群成立初始，群里各种红包、活动让群友觉得新奇有趣。新鲜期一旦过了，群的活跃度就会下降。

因此，社群线下发展非常重要。

社群的线下发展，一方面可以提升社群影响力，扩散社群知名度；另一方面可以深度拓展用户，让用户产生对社群的黏性。

群友参加线下活动后，大家见面认识了。线下见面的聊天总比线上来得实在，彼此的信任感加强后，回来后就会自己在群内聊天。

更重要的一点，社群线下发展组织活动、见面会，可以辐射更多人群。设想一下，有些人羞于参加线下活动，如果有个线下活动很吸

引人的话，他一般会带上自己的朋友一起参加；又或者，他参加过活动后，觉得很精彩，回去立刻告诉他的朋友。

这样，我们就有机会发展更多的用户，并且把这些用户转化到线上，从而形成良好的循环。

国内一些比较大的社群如罗辑思维、秋叶PPT、荔枝汇等都通过线上线下联合增加用户黏性，取得了不错的效果。

我们的合作伙伴K友汇是国内比较大的一个社群组织，它的创始人是管鹏，主要活跃在微商圈。这个社群通过人脉圈的共享，建立线上线下交流培训会，目前为止已委任近130个国内城市的当地负责人，还有9个海外国家负责人。

"我是演说家"俱乐部运用社群牧场系统，直接跳过平台式的撮合，直接优化商业管道，众筹众享众赢。

线下发展的运营成本非常高，我们需要活动策划、场地等各种各样的资源。尽管如此，一旦用户通过线下发展提高对群的信任和黏性后，社群就会不断活跃下去。

线下聚会一般分为三种。

（1）大型聚会

这种聚会比较复杂，特别是当社群里的人来自全国各地时，你要选一个折中的地点，确定人数，协调时间，动员起来非常不容易。

（2）小型聚会

可以按地域，可以按兴趣，几个人的小聚会比较好操作。参加小聚会的人会比大聚会放得开，聊的内容也会更细致，更深入，自然信任感就更强。

产生了情感连接后，回到线上自然也会聊得火热。

（3）课程导流聚会

群的价值除了闲聊外，群主还应该提供有价值的干货。群主自己或请人开设群友感兴趣的线下课程，对新群友来说不仅收获了知识，还拓展了人脉，对旧群友来说多了一个与老朋友见面的机会。

聚会的规则越简单，群友越愿意参加。如果以兴趣作为切入点来举办聚会，也更容易吸引人。

常见的线下主题活动有以下几种。

沙龙讲座（演讲、读书会、技能培训、理财、电影赏析等）。

兴趣（绘画、唱歌、桌游、摄影等）。

运动（徒步、游泳、跑团等）。

公益（慈善、助学、义工等）。

建议第一次做的活动最好以内容为主，可以选择沙龙讲座类的演讲或者技能培训，让群友们感觉到社群的专业和有益处。如果一开始就以聚会为主，以后开展活动很可能会让群友之间形成小帮派，不利于社群发展。

每一次活动都用心对待，渐渐地就会积累口碑，自然就会吸引越来越多的人加入。有主题的活动可以让社群用户彼此熟悉起来，让社群用户之间的连接更多更深入，同时有助于扩大社群知名度。

组建社群线下团队步骤

组织社群线下活动要点

社群是一群志同道合的人的连接和聚集，保持社群活跃度和生命力至关重要。而其中一个方法就是举办线下活动。

在人与人的高频互动中，加强群友之间的链接，可以增强用户的归属感。同时不断对外界宣告社群的存在，吸引新用户加入。

有些社群资源、资金都充足，并且还有专业的团队负责；有些社群没有经验，完全靠自己瞎摸，导致活动进展不顺利或者活动效果不好，没有回报。

这一节内容，你会学习到如何从零开始举办一场完整且有回报的线下活动。

社群线下活动分三个时期：前期、中期和后期。前期做策划、筹备和宣传推广，中期推进，后期复盘。

（1）前期策划、筹备、宣传推广

策划书

无论做什么事情，在前期都应该有策划。聚会主题是什么，有多少人参加，去哪里参加，等等一系列问题要在活动前期确认落实好，做到心中有数，帮助我们把控全局，让活动顺利进行下去。

策划书的内容如下。

活动主题和名称、活动目的、活动日期、活动地点、活动环节等。

活动负责人和团队名单。

工作任务分配和权责，比如谁安排场地，谁去邀约嘉宾，谁去拍照等。

活动参与人数、参与人员、嘉宾安排。

物料、场地安排。

重要时间节点安排。

宣传方式。

报名方式和费用说明。

奖品设置、合影环节和后续推广方式。

写好策划书，可以对活动的质量和时间进行把控，这样有组织的活动会让群友觉得社群十分专业。

筹备阶段

策划书写好后，就要进行筹备了。一般一场小型的线下活动至少提前一个月开始准备，大型的线下活动需要三个月甚至半年时间进行策划准备。

在此阶段，需要落实参加活动的人员，包括有多少群友参加以及如何邀请名人，有些社群没有雄厚的资金，还需要找合作赞助商。

邀请群友很简单，直接把活动形式发上群公告，私聊邀请重要的群友。什么是重要的群友？重要的群友的基本特征是活跃，人气旺。

邀请与我们有合作关系或者有交往的名人，如果没有这部分的资源怎么办？

通过新媒体建立和名人的链接。比如，我们可以主动在微博找与活动主题或活动地点相关的名人，私信邀请；或者到公众号后台留言，抖音里私信，邮件邀请等。

当然，如果你的社群本身热度够，有很好的知名度，那不需要你主动去找，名人也会找上门来。

在对接前，我们应该先明确自己想要找哪种类型的名人，什么样的名人更能吸引群友积极参加活动。

需要注意的一点是，在与名人对接的过程中，我们要给名人一些好处，或给他提供帮助。尤其是没出场费的名人，我们可以探讨如何帮他推销人或者推销产品。让名人看到我们的诚意，同时给了名人安全感。

如何进一步加强名人对我们的信任？一个好的办法是通过熟人引荐，由熟人为你做信任背书。

第二个办法是主动参加名人发起的活动，在里面与名人多互动，蹭脸熟，这样做容易让名人看到你，吸引名人与你交流。

如果名人有需要帮忙的地方，在能帮的情况下尽量帮，就很容易让名人记住你。

其次，在与名人建立合作关系之前，我们要先自我介绍，然后直截了当地说明你的目的，告知对方活动主题、活动形式、活动地点和活动时间。

同时，我们还可以找合作赞助商。在这个过程中，需要注意以下几点。

挖掘对方需求。我们要挖掘对方需求，从这里着手去谈。简单来说就是给对方一个赞助我们的理由，假设我们能解决他的需求，那合作赞助就比较好谈。

确认对方的性格。看清对接人的性格，有助于我们在谈判过程中占据有利位置。

给对方信任感。信任感怎么给？从对方的角度出发，多用"我们"，让合作方有代入感，感受到我们是一体的。同时，在合作开始前就应该把控好细节，合作过程中做到经常汇报进度，结束后及时复盘。这样做就可以让合作方看到我们考虑周全，并且觉得我们非常靠谱，活动结束后也会继续找我们合作。

在合作前有一点很重要的就是降低对方的期望值。降低到合理的位置，一旦我们做的超出对方的预期，对方就会觉得惊喜；如果我们一开始就给对方太高的期望值，一旦合作过程中，我们做的达不到对方的期望值，就会让对方感到失望。

场地也是我们关注的重点。我们需要考虑到场地位置附近的交通是否便捷，有无停车场，环境与主题是否相符，场地能容纳多少人，设备是否齐全，场地费价格是否在我们的预期内等一系列的问题。

我们可以找一些可以通过资源互换得到的免费场地，或者公益组织活动场地，从而压低我们的线下活动成本。

接下来我们还要准备活动所需的物料，比如社群LOGO，横幅、易拉宝、KT板、文具、相机、点心等。

宣传推广

宣传推广分线上和线下。

首先，我们要设计活动海报，海报内容包括社团LOGO、活动主题、举办地点、举办时间、是否需要费用、报名方式、交通方式、参加活动的伙伴是否需要准备东西；还可以把参加本次活动的名人、嘉宾、合作方放在海报里。

接下来，把海报发到各社群内，以接龙的方式填写报名单。其他平台如豆瓣、微博、微信公众号、抖音等同步宣传。

如果你经营的社团规模比较大，资金比较雄厚，还可以邀请媒体参加活动，对活动进行造势报道。

上一个步骤邀请的名人也可以发挥作用，请名人和合作方在他们的渠道内对本次社群线下聚会进行推广。

线下可通过媒体宣传、投屏广告、派传单等方法进行宣传，还可以通过参加过活动的群友吸引其他群友参加。

（2）中期推进

活动进行前，提前通知嘉宾注意行程安排，再次提醒活动时间和地点以及注意事项。

注意流程的对接。比如活动负责人是否已经到位；和工作人员沟通工作进度，看看还有哪些事项未完成，什么时候到位；与主持人确认流程表；确保物料全部准备到位和活动会场的布置以及设备调试，特别注意电脑、音响、PPT、相机等设备是否正常运行。

还应该确认人员的到场情况，还没到场的嘉宾需要打电话确认到场时间。

如果活动时间比较长，还需要确认活动的水和食物，嘉宾的休息地方也要细心准备。

在活动进行时，由主持人告知是否可以与嘉宾、名人合影，合影人数有没有限制，合影时长多久。

活动结束后，注意维持合影时会场的秩序，控制时间。

把每一个环境都跟进好，查缺补漏，以防突发情况。

(3) 后期复盘

一场活动完成后，要及时复盘。复盘的目的是找出活动不完美的地方，总结出来，下一次就能注意到这些问题，做得更好。

复盘可以从这几点出发：本次活动主题，复盘时间，参与人员，活动时长，优点和缺点，目的。

复盘完的内容，可以发布到网络上，比如媒体宣传、微博、朋友圈公布，不仅能再一次告诉大家这次线下活动的真实性，还能引起群友的关注。把这份复盘报告发给邀请的名人、嘉宾和合作伙伴，让对方感受到我们的靠谱，以后合作也会找我们。

后期复盘还帮助我们建立数据库。比如，我们可以把此次参加活动的用户资料利用 Excel 表格等工具搜集起来，搜集用户资料的好处在于我们可以清晰看到用户喜欢什么，不喜欢什么，以后我们开展活动会更有针对性。

我们还可以建立嘉宾的资料数据库，把嘉宾资料搜集起来，这样清晰地知道嘉宾的工作性质和工作时间、地点，有助于以后的合作。

又比如，我们建立起场地、游戏、物料等数据库，以后举办活动的时候，一方面可以给我们提供思路，另一方面也可以节省我们准备这些东西的时间。

同时，后期复盘还能建立活动模板，对以后活动的举办起参考和复制作用。

找到合适的线下负责人

做线下活动需要得力的负责人,线下负责人就是整个线下活动的指南针,他们直接影响着线下活动的质量以及活动后续的回报。

我们要如何找到合适的线下负责人呢?标准是什么?

标准:从个人性格、团队协作能力、是否靠谱、对社群是否忠诚、连接能力、热心度、沟通能力等来衡量。

但这些其实是无法通过表单来体现的,必须沟通和相处后才能做出筛选。

线上团队核心用户对社群里的人际关系更熟悉,对社团的归属感强,如果选择他们来作为线下负责人,他们的态度会更尽责,对活动会更加尽心尽力。另外,由于在线上长期沟通交流已经有过磨合,我们对他们的能力和基本情况也清楚,判断和沟通也会更准确和方便。

但核心用户不一定有组织线下活动的经验,因此在选择线下负责人的时候还需要从这些方面考虑清楚。

如果他没有线下活动的经验,那么他就特别需要有开拓精神,并且不能缩手缩脚、瞻前顾后。同时请他想清楚自己没有经验为什么也可以胜任?成为线下负责人后他能带给社群和自己什么?他的规划是什么?

他可能会存在一些疑问,比如如果没有嘉宾资源,要怎么找到嘉宾?要找谁去调试设备?要如何积攒人气?物料去哪里拿?我们可以把对成为负责人感兴趣的人拉进一个群里进行培训和沟通,请有经验的负责人出来分享经验,让他们提前熟悉流程,降低对未来的恐惧。在此过程中,又一次加深了用户对社群的认可和信任。

帮助用户有计划地进行规划、筹备,联通线上线下资源配合,共同开展活动,就会给负责人很大的信心。

如果他已经有线下活动的经验,那我们就可以直接说出要求,请他提交一份策划书。我们根据他给出的策划出进行完善,分配任务。

举办线下活动,特别是大型的活动,流程比较烦琐,需要落实的地方也有很多。因此,除了挑选一个总负责人、大型活动统筹人外,我们还需协助他挑选任务负责人。比如我们需要有人负责场地资源、联系嘉宾和名人、现场引导、设备调试等。

核心团队主要组成人员

线下负责人选好后,就可以组建核心团队人员了。线下团队的质量很大程度上决定落地活动的成败。

首先进行内部招募。由选定的负责人带头,然后发展团队用户,我们可以从中协助,招募筛选有优势的用户组成初始团队。

活动开始报名后,如果核心团队还有空缺的职位,那我们可以从之前的报名者中招募一批志愿者,从中选拔一些人进协助帮忙。挑选表现优秀的人为线下核心团队用户。

活动开展过程中,我们可以匹配适合的岗位给团队用户,根据团队用户工作表现进行考核,最终留下最合适的人才。

核心团队的组成人员就集结完毕了。这时候我们就可以配合线下团队完善活动方案,先明确活动主题和目的。比如多少人参加,谁会来参加,活动能获得什么。找准活动主题和目的,再开展活动就更有针对性,质量也会更高,也容易找吸引人的点。

但是如果我们的线下活动长时间开展后,团队用户可能会对开展活动的感觉没一开始那么新鲜,相对的投入也就没最初那样有热忱。这时候,线下团队会面临一个巨大的难题,要如何保持团队的新鲜和活跃呢?

有三种方法:第一种是每次活动后认真复盘。因为每个人在线下活动中负责的工作不同,可能看不到整场活动的方方面面。这时候,如果我们复盘,总结好评,就可以让团队用户从全局上看到自己的付出。这样每一次活动下来,他都有一种自豪感和价值感。他感受到了意义,那么下一次活动他就会继续参加,保持热情。

另一种方法就是吸收更多优秀的人才加入,添加"新的血液",打破团队旧模式同样能让团队用户觉得有新鲜感。

还有一个方法,举办过几场线下活动后,我们的制度越来越完善了,也成立了数据库,基础工作都做好的情况下,可以考虑让团队用户换岗,体验其他岗位的工作。

线下负责人也可以通过周期选举,让大家紧张、兴奋起来。我们可以设置一个换届选举制度,让旧的线下负责人分享经验,让新的候选者提出更完善的方案。

这样做既可以让线下团队更有活力,让线下带到线上,又可以让线下活动制度更完善,需要承担的风险就更低。

邀请嘉宾与线下社群合作

邀请有料的嘉宾来帮社群发声,带来更多高质量有活力的优质内容和干货。有些大咖本身有很多粉丝,邀请大咖嘉宾来线下社群开展活动,会吸引更多人加入社群,让社群做大做强。

在此之前,我们要有目的地寻找嘉宾,看嘉宾与活动主题是否符合,嘉宾是知识型的还是娱乐型的。找到与社群基调相符合的嘉宾,可以让嘉宾和社群的知名度都提高。我们可以通过付薪水或者资源互换来与嘉宾进行合作。

那么如何与嘉宾产生链接呢?

最简单的方法就是让熟人介绍,通过熟人认识嘉宾,让熟人帮你做信任背书,一般嘉宾都会愿意帮忙。

但是有些线下活动负责人并没有这方面的资源,这时候我们就可以通过强大的互联网来"勾搭"目标嘉宾了。社群知名度不足的情况下,可以先邀请,后链接培养感情,慢慢从弱关系转化为强关系。

一般嘉宾都会在微博或者个人公众号留下合作的联系方式,直截了当私信邀请,讲明目的,表达希望合作的诉求,等回复就可以了。如果嘉宾的微博和公众号比较活跃,可以通过留言互动的方式,留下印象再进行私信邀请会更好。

或者主动购买嘉宾销售的产品,参加嘉宾开展的活动,会让嘉宾对我们的印象加分,赢得好感。找到切入点,逐步建立嘉宾对我们的信任。让嘉宾看到我们是靠谱的,有认同感。一旦他对我们认同了,就会比较好谈合作。

当然,如果社群本身知名度足够大,直接发出合作邀请就可以了。所以,最好的方法还是提高社群知名度,提高口碑。用心做好每一次活动,及时与嘉宾沟通细节,及时复盘。把大事做好,把小事做精,让参与活动的每个人都感受到我们的用心,有好的体验。这样口碑相传,社群怎么可能做不好呢?

社群运营者也需要踏踏实实,通过努力学习更多的东西,不断投资自己,让自己变得更有价值。

一旦社群运营者的名气大了,和嘉宾就有同等的话语权,就更有资格和嘉宾做资源互换。

举办社群线下活动攻略

如何寻找线下场地

社群举办线下活动的步骤比较烦琐,如果举办得好,成功率高,就可以从线下转化到线上,吸引到更多人加入社群,社群的口碑也会逐渐打开。

社群线下活动的举办能否成功,其中一个比较重要的因素就是场地是否符合群员的期望。场地地址太偏僻,交通不方便,或者太破都会影响活动的举办效果。另外,场地费用占线下活动中费用相对较大的一部分,选择平价的场地,可以减少更多的开支。

寻找线下场地,首先要考虑社群活动主题匹配度,比如举办唱歌的活动,找咖啡厅就不太合适。

其次考虑场地大小,这个与活动参与人数相关。预估人多的话找一个大的场地，人少就找小场地。然后需要考虑的是场地附近交通是否方便，交通不方便的地理位置会影响群友参与的热情。

自己手上没有场地资源的时候，可以请教身边有丰富活动经验的人，通过他们的经验和资源就可以快速找到优秀的场地。

这些人去哪里找？我们身边的朋友也许会有，或者我们可以积极参加别的社群举办的活动，看看他们的活动场地在哪里？同时能结交人脉，学习到别人的活动经验。我们还可以当场询问关于这个场地的使用事项和费用，留下联系方式方便后续交谈。

为了减少开支，寻找免费和平价的场地是必要的。我们可以通过本地专门发布活动的网站寻找免费场地，一般举办公益活动的场地都是免费的。通过查看场地的基本信息，历史举办活动，寻找场地联系方式找主办方咨询情况。

一般免费的场地会要求我们举办的活动对他们有回报。如果场地运营理念和社群活动宗旨相契合，就可以使用了。

或者寻找政府或企业支持的项目场地，这类场地属于公益组织活动场地，一般也是免费的，但申请程序比较复杂，申请流程需要的时间也比较长。

还有一种情况可能会获得免费的场地，那就是资源互换。有些场地本来要收费的，但如果我们和场地负责人谈资源互换，达到双赢效果，就有可能得到免费场地。

如果实在找不到免费的场地，那可以找一些相对平价的场地。比如现在非常流行的情怀咖啡店，一般这样的场地费用比较便宜。还有一些场地客流量小，场地负责人看中我们在他这里举办活动会带来人流，同时就带来了生意，也愿意便宜给我们使用。我们可以和场地负责人商量，在这里举办活动，餐饮是否有折扣。

值得注意的是，平价的场地地理位置可能比较偏远。

第五章

社群经济

一个成功的社群应该是会变现的社群,不能变现的社群势必会让社群运营人感到沮丧,久而久之对运营社群的信心和动力逐渐减少。

那么,如何进行社群变现呢?

这其中最重要的就是社群产品。例如星巴克有咖啡,锤子有手机,麦当劳有汉堡。这些品牌的产品吸引成千上万的粉丝加入组织。

社群运营的时间、精力都是成本,唯有变现才能产生利润。变现分为金钱变现、人脉变现、资源变现。

# 社群变现

常见方式

社群有两种模式，一种是主要以变现为目的的商业化社群；另一种是以慰藉心灵为主的公益性社群。

不同的社群模式有不同的变现方式，因为他们的产品种类和运营特点都不相同。但我们可以参考别人的变现方式，再根据社群的运营状况对症下药，实现商业变现。

社群变现的时机把握可以参考以下两点。

产品模式是否成熟

社群变现需要根据不同产品选择时机，产品是否能够成功地从线下转化到线上是关键的因素。

用户能否接受

变现的成败直接关系到社群的成败，因此，在变现前尽量先对用户进行调查，观察用户的接受程度。调查的方式可以是发放问卷，也可以是在日常的活动中植入部分产品。

转化的时机很重要，一般选择在社群运营满 3 个月后，最好选在重大节日，有助于形成团购的氛围。

下面列几种常见的社群模式变现方式。

（1）粉丝变现

我们知道，明星、名人做什么事情都会有一大群粉丝去追随。做社群，也可以打造一个社群明星，让群友去追随，心甘情愿给回馈。

这些粉丝从哪里来？就从平时和我们互动良好的群友里来。我们平时可以在群里多分享、多聊天、送干货、发红包、回答群友问题，努力制造我们在群里的存在感，在群里塑造一种专业的形象，这样慢慢地自然会有一批粉丝跟随。

接着我们可以在知乎、豆瓣、微博、公众号写影评、做干货，或者开设课程，让这些粉丝帮我们转发、点赞、做好评，他们也愿意。

如果一开始我们没有数量庞大的粉丝群时，我们可以把他们聚在一起，发个红包帮我们转发也可以。一旦我们的粉丝规模足够大，那转发的请求会更容易得到满足，并且会吸引更多人一起加入粉丝群。

（2）产品变现

产品形式多种多样，比如卖课程、卖东西、卖服务等。

但产品变现的前提是我们的产品够好或者够划算，如果产品劣质或者价格偏高，群友在消费一次后觉得达不到预期效果，慢慢地他们就会降低对社群的期望值，不再关注群信息。

因此，做产品变现，必须不断做好产品的口碑，让大家觉得进群有利可图，不进群就会有损失。要么就做好服务，像海底捞就做到了让人心甘情愿地排两小时队不发火。

我们可以用"安利"的方法，通过分享有价值的内容引导关注，进而诱发购买。前提是大家都感兴趣，否则就会让大家觉得我们是在推销。

产品变现这个方式，可以在自建群内，也可以通过其他社群进行，只要我们找准社群的定位和人群，就能实现。

又或者，我们多参加线下活动。参加线下活动，和大家互相见面，相互了解，容易产生熟悉感。再回到线上社群，你要推销一件产品，和你见过面的人就有可能会帮你做背书。

线下见面还有一个好处，就是容易成为铁杆用户的一分子。有些活动是初次举办，或者参加这个活动的人大多都是初次参加的情况下，有人会提议建群，这样我们就成了初始用户，一般初始用户也更让人信赖。

让别人喜欢上我们，信赖我们，无论我们去到哪个社群，都容易发生产品变现这件事。

（3）资源交换

当我们运营的社群有了一定的知名度和口碑认可后，我们可以与传统企业来一次资源交换。我们与传统企业合作，让来自全国各地的群友进行线下活动。

当然，社群运营必须满足以下几个条件，传统企业才愿意与我们资源互换：社群有足够的知名度；社群传播分享能力够强；社群参加线下活动的人数可观。

比如卖课程的社群可以与出版社、书店合作；卖明星周边产品的可以找经纪公司合作；卖美食的可以和烘焙班合作等。

与企业合作进行线下活动考验我们的是把活动信息转化为宣传的能力，在活动前进行策划，制造热点；活动过程中不断把内容放在线上进行二次传播；活动结束后，把活动里的精彩环节、干货整理出来，形成 Word 文档或者 PPT 格式供人下载，进行三次传播。

这样，在与企业开展活动的过程中，我们就进行了三次传播，对社群和企业进行曝光。

（4）创意孵化

创意孵化就是一群人聚在一起为一个想法进行孵化。但一群人不是普通人，而是有创意、有能力、有想法的一群人。想找到这群人不容易，需要时间，需要沟通。在这群人里，要做到分工明确，要有一个主导者。

这个主导者可以是群主。比如我们现在要出一本书，但是写什么、怎么写、读者定位是什么一概不知。这时候我们可以聚集这一群人，抛出问题，在玩笑中把这件事情的创意敲定。

如果我们实在找不到这么一群人，我们可以在群里进行悬赏。具体操作是把问题抛出来后，把悬赏金额也发出来，提高群员的参与度和积极性。

进行过创意孵化的一群人，对这个创意会有更多的期待，也更愿意为这个创意买单。

（5）广告变现

社群是一种很好的广告投放渠道。

但需要注意的是，如果我们只追求表面的效果，所投放的广告不与社群形式相匹配，那群成员会认为你的广告是垃圾信息而过滤掉。

我们除了要和群员互动，投放广告时要确保良好的运营基础和精准的群成员匹配，要像网红一样，把广告和内容合二为一，这样才能最大化地发挥其价值。

（6）会员收费变现

社群变现最直接的方式通常是会员收费，会员收费制度就是入群门槛，而且也是最容易筛选目前群员的。群员愿意为价值买单，后续会更愿意参加社群内活动。

有人说怕收费没人愿意来。那是因为我们没有做好内容，内容足够吸引人，自然而然会吸引群员付费进来。

或者是我们的IP没有足够强大，我们在没有自建群时，可以多在别的社群刷刷存在感，在知乎、微博、公众号等地方发些干货内容，吸引别人关注，把 IP 打造出来。

因此做会员付费的前提是做好内容和 IP。

基础效应

媒介一直改变着营销方式和商业生态。

以前，我们靠着人脉和掌握的信息就轻松实现变现。现在要想实现变现，必须先懂得抓住这些效应。

（1）信任是前提

未来的商业模式必须是建立在大家相互信任的基础下进行的。

谁能够获得这份信任，谁的商业价值就越大。而社群的信任和口碑传播的能力不容小觑，因此搞好社群竞技势在必行。

（2）做好中间人

阿里巴巴生产或贩卖商品吗？没有。它只是商家和消费者的中间人，解决了消费者不想出门购物的痛点。

美团外卖自己做饭店卖吃的吗？没有。它只是饭店和消费者的中间人，解决了消费不想出门吃饭的痛点。

做好中间人，解决他们的痛点，也能变现。

（3）从众心理

在信息泛滥的今天，我们通常会自动略过朋友圈分享的链接。当我们看到第二个、第三个人都在分享这个链接的时候，我们会疑惑，但依然不会点击进去。当我们看到第四个、第五个、第六个人都分享这个链接的时候，从众心理会让我们点击进去再分享出来。

我们到一个陌生的地方想要找吃的，一般会先观察哪家店客人比较多，因为从众心理告诉我们，客人多的这家店一定是因为好吃。

我们在社群变现的时候，也可以利用这种心理。比如卖课程的时候，可以请粉丝帮我们转发到朋友圈，做好评。别人看到我们的课程这么多转发，这么多好评，从众心理就引导他来购买我们的课程。

（4）标签效应

文艺青年、发烧友、黑粉等这些标签可以让人们在寻找社群的过程中自动为自己归类，同时这也是认识一个人最快的方式。

我们可以根据这些标签寻找与我们产品定性相同的社群，打入这些社群或者自建社群更容易变现。但这里的前提是我们也是这个标签内的人，或者把自己打造成圈内人。否则，一旦被人识破，就会被认为是骗子，是圈钱的人。

拓展渠道

一般来说，社群变现渠道有两种：对内和对外。

对内模式是从社群内部变现，比如常见的会员收费、优惠福利团等方式。

对外模式是从社群外部变现，大家聚集在一起抱团对外输出价值，对外换取回报。

这些模式可以在自建群、承包群实现，输出价值的时候懂得选择渠道，事半功倍。

比如我们要用内容变现，那么我们选择的渠道可以在网易云课堂、千聊、小鹅通等开设课程；

建立个人IP时可以在豆瓣、知乎、微博文章、公众号等地方回答别人的问题，拜托自己的粉丝把赞和评论刷上去，让别人看到我们的回答，树立专业形象；

或者选择短视频渠道，利用抖音、快手，风趣幽默地录关于一个领域的专业问题，比如宠物医生可以录关于宠物小知识的视频。

如果不这么费力，那么承包社群也是不错的选择。

一些经纪公司会专门雇佣一些明星亲友或者经济实力和组织能力超强的粉丝作为粉丝头领。这些明星社群本身有一定的用户黏性，我们承包这些社群，只需要做好维护就可以了。

哪些人比较适合承包这类社群呢？卖粉丝周边产品的，想收取会费的人等非常适合。

对于一般人来说自建群流程和运营烦琐，自己又没有这么雄厚的资金和人脉可以承包群，那么最好的方法就是加入别人的社群。

找对产品定位，找对符合产品定位的用户，顺势加入他背后的社群，就能找到一群目标客户。

QQ上我们可以在加入群功能搜索关键词，然后提交申请加入。比如搜索"××交流群""××群"。

微信上我们可以看看身边有没有朋友符合你的产品定位，然后请你的朋友邀请进群。比如我们卖潮服，那我们可以看看身边有没有朋友玩音乐、玩滑板，有的话请他邀请进入兴趣群。

 # 社群场景是核心

丰富社群

社群的崛起是由场景决定的。它连接了人与人，把同类聚在了一起，是一种全新的互联网文化形态。

以场景为入口，聚集具有共同价值取向的用户群。在社群变现之前，要先了解场景对社群的重要性，从而做到精准变现。

什么是场景？在互联网时代，场景将真实和虚拟合为一体，更加多元化。

没有场景，社群成员之间就很难形成互动，因为社群是平面化的东西，它很难在虚拟中创造真实的生活场景。缺少互动后，社群成员会逐渐沉默，用不了多长时间，社群就死了。

场景可以丰富品牌，更可以丰富社群。

网易云音乐如果仅靠情怀能做起来吗？后来它在里面搭建了一个原创音乐的场景，吸引热爱音乐的人们加入，立马火起来了；

锤子手机也是因为搭建了非常多的场景火的。做了文艺的音乐、追求视觉美的摄影版块、人人都能参与的海报设计，一下子音乐、摄影、设计文艺青年们纷纷向它靠拢。

社群的存在，本来就是建立在人与人之间的交流之上的。场景搭建起来后里面的人就容易产生话题，更容易沟通交流。

但是单一的场景久了也会让人觉得腻味，因此要不时转换场景，或者搭建更多场景，让社群丰富起来，激活社群活跃度。

营销场景

有盈利，社群运营者会更有动力。那么要如何搭建场景让社群变现呢？

我们来看一下我们最熟悉的品牌优衣库，当年这只是一家销售西服的小服装店，如今它已经是国际知名服装品牌。

它亲民的价格、舒适的质量，让每个平民都能消费得起，吸引了很多人。但如果仅靠单一的设计，很难留住客户。这时候，它推出UT项目合作，邀请全球各地的设计师，为优衣库打造动漫系列的衣服，如七龙珠、死神、阿拉蕾等，还推出了联名系列，迅速吸引了当下的年轻人和对潮牌有追求的人。

就社群而言，一场活动，就是一次场景化建设。社群可以举办一些主题活动，或者邀请名人嘉宾开讲座，玩法多样一些。让每一位群成员都可以找到适合他的场景并融入其中。

实体场景

什么是实体场景？比如淘宝的图片评论买家秀、视频评论买家秀等。人们越来越注重场景实体化，是因为互联网世界的虚拟性。

网络信息越来越泛滥，人们越来越不相信电商平台的宣传。如果人们仅仅只能用文字评价，那收到的产品就很难得到真实反馈。

这时候，搭建一个实体场景，有真实的买家秀，真实的视频，并带有评论点赞功能，把商品评价区打造成一个社交区。大家可以在评价区发自己的真实感受，人们在下面评论提问相关问题，交流打通了，感觉货品真实性更高。

不仅如此，它还给电商平台带来了更多流量，商家捕捉数据也越来越精准。

这给社群营销带来了全新的思路，社群交流中，我们也可以搭建一个实体场景，打破空间和距离的限制，让群成员的信任感增加。

虚拟场景

天猫的 VR 购物频道出现后,刷新了人们对虚拟的认识。

我们可以穿戴相应的设备,实现全新的人机交互体验。戴上后,我们就可以进入虚拟世界,并且让自己的五感都真实起来。

过年过节的时候,天猫利用 VR,搭建线下实体商铺,到店可以领红包或者优惠券,让实体店又迎来新的春天。

游戏公司利用 VR,让游戏爱好者有了更真实的体验,他们可以在虚拟和真实间相互交换,那种感觉美妙至极。

这也是一种新的思路。人与人的交流在未来可以不再只是通过文字,而会在虚拟的场景进行面对面的交流,甚至可以打破所有限制,真实触摸到对方,感受到对方。

社群的建立依托在场景上,若 VR 再进一步发展,社群搭建 VR,未来会更受欢迎。

第六章

社群未来

我国移动互联网迅猛发展,用户规模高达 12.3 亿,移动用户让人们的生活方式、经济生产方式、消费方式以及商业形态都发生了变化。

生活方式的变化直接影响人与人关系的交往,最明显就是体现在各种社群的迅速生产,大家因共同兴趣或追求共同价值聚在一起。

因此,社群模式就是我们现在要考虑的商业模式,社群是趋势更是未来。如何正确看待社群未来,并用社群引爆企业利润,是我们讨论的重点。

 ## 社群为什么能引爆企业利润

二十世纪九十年代,信息比较闭塞,只要你的人脉够广,有资源渠道,就能轻松发家致富。现在的信息获取越来越容易,人们可以直接在网上搜索这个货品究竟值多少钱,这个人的联系方式是什么,所有资料轻松获知。

但互联网,说到底也不过是工具而已,最终操控权在人。因此我们可以看到网上很多排名、评论都可以刷上去。我们获取的信息未必就是真实信息,可能是被人误导过的信息。

好,那我们不信排名,不信评论,信熟人好了。

这时候,微商又兴起。微商就是靠熟人关系来火的,他们知道我们的喜好,把我们当成他们的客户,每天群发叫我们去点赞,在朋友圈刷屏。久而久之,朋友关系也变得不那么纯粹。

这时候,社群才真正火起来。因为大家在社群里自主交流,有共

同话题和兴趣爱好，心甘情愿为这件东西付出价值。大家有了更多的自主权，因此更愿意加入社群。

麦当劳、可口可乐等产品在以前的工业社会，只要产品做得好，就可以卖给任何一个人。但是如今企业不仅要把产品做好，更要培养自己的用户群体。比如锤子手机、魅族手机，他们的粉丝形成了社群，支撑着他们的市场。

百度创始人李彦宏曾经说过："移动互联网时代以为有了足够用户就能做大、就能挣很多钱的想法很像酒驾，豪车、美女、雨大、路滑，车速开到180迈，一不小心就会出人命，很刺激，但是很危险，不想重蹈2000年前后互联网泡沫的覆辙，就应该尽早考虑商业模式。"

商业模式不是一成不变的，它会随着时代经济的发展而创新，社群经济就是目前比较新颖的一种商业模式，也是相对于传统营销来说，更适合中小型企业的营销方式。

当下企业的困惑点是重资产轻利润，如何在移动互联网时代让企业从重资产运营转为轻资产运营引爆利润是中小企业考虑的头等大事。资产分重资产和轻资产，我们从这方面入手，探讨它们和社群未来的关系。

重资产

重资产指的是企业所持有的有形的、固定的资产，例如办公室、原材料、机械设备等。

轻资产

轻资产又称轻资产运营模式，轻资产运营是以价值为驱动的资本战略。这个模式是指企业只抓自己的核心业务，将非核心业务外包给别人。

轻资产与重资产运营模式

重资产的运营模式是这样的：假设他投入本金1亿元，一个月销售额1000万，但他需要租场地，雇佣上百个工人，设备也需要投资进去，那么他一年获得的利润大概2000多万，但他初始投入资金比较多。

轻资产投入同样的本金，请十几个高级工人，一年总利润也大概2000多万，但初始投入的成本比较低，材料也可以以赊欠的形式做抵消，流动资金会比较充足。

重资产和轻资产模式比较就可得出如下结论。

高科技的重资产工厂，只需要10个高级工人就与传统的劳动密集型200人的产值相同。并且重资产的门槛很高，需要的起步资金比轻资产模式多。所以，从资本的收益率来看，投资人更应该投资轻资产运营模式。

并且长期来看，低技术含量、需要多工人的工厂劣势就明显了。首先社会效率提高是大趋所势，大家都努力提升自己的技术，要求的工资肯定就会多；其次，重资产工厂容易受到市场冲击，一旦行情不好，老板就要大量裁员，无论对工厂本身还是对工人都有不好的影响；

再则，低技术的工厂生产效率低，逐步会被淘汰；最后，为了迎合时代发展，技术人员的素质提高了，低素质的工人会很难招。

还有就是门槛问题，轻资产模式虽然门槛低，但竞争激烈。由于生产能力不足，老板们要不去开拓小市场，要不去接大企业的外包单，每个老板都要去抢小额销售市场。

美团、淘宝、天猫之类的互联网企业，都属于轻资产企业。这类企业有个共同点就是拥有大量的粉丝。

一家企业拥有多少粉丝和用户决定企业的生存发展。

如何拥有强大的粉丝量？

社群牧场系统给中小企业带来了新的出路。

中小企业通过微信社群牧场系统获取活动在移动端的粉丝，由粉丝转化为企业用户。

企业抢占移动端获取用户，2018是移动端流量爆发的时期，PC端营销成本的居高不下，是撬动电商移动营销的另一支点。

目前 PC 端的成本远高于移动互联网流量成本，因此移动互联网流量已经成为迅速获取大规模有效曝光的渠道。人们更喜欢全屏或者 1/2 屏幕的广告形式，因为更吸引眼球。广告的转化效果也在不断地提升。

从以上几点来看，移动营销已经非常适合企业发展移动端，满足企业利用移动端在节点大促期间曝光宣传的需求。

未来PC端将以工作为主平台，移动端则是办公与娱乐需求共存。用户都在移动端，用户在哪里，企业获取用户就在哪里。有了用户，自然就有利润。

因此，社群作为当下最容易聚集用户、粉丝的营销模式，当然能够引爆企业利润。

如何通过社群引爆企业利润

无论是在线上,还是在线下,始终离不开利润源。利用社群引爆企业利润,首先得认识什么是利润源。

利润源是企业利润的唯一源泉,它是指企业提供给消费者商品和服务后所获得的利润。利润源分为主要利润源、辅助利润源和潜在利润源。

企业要有足够的规模,对利润源的偏好和需求认识,了解得比较透彻,同时当企业与竞争者比较时,在挖掘利润源的过程中要有一定竞争优势。

从三个条件读懂利润源:

在产业链最薄弱的环节找利润池;

在利润通道中安装利润发动机,以保证利润之流源源不断;

提供充足的燃料来让利润发动机高效运转，社群中最优质的燃料来源就是粉丝。

三个来源产生利润：客户、供应商、企业文化，从供应到销售的产品增值是利润的体现，但真正的利润源还要看环节背后。

客户环节背后的利润源：给客户提供物超所值的服务和质量好的产品来获取利润。

供应商环节背后的利润源：取得价廉物美的材料就是我们在供应商那里能取得的利润。

企业文化环节背后的利润源：吸引高端客户与企业合作的是企业文化。

有组织有计划地进行这些步骤，保证你的战略、领导力、流程与文化协调一致，相信引爆利润对你来说，也不是什么难事了。

 未来的社群该如何做

在线上，不管是免费的社群还是付费的社群越来越多，同质化社群也越来越多，极大地增加了社群运营识别成本和选择成本。比如在我的社群里有些人会问："我应该进哪个群听课呢？我应该选择哪个商学院社群付费报名学习？"

2016年线上社群呈现疯狂成交之势，但是2018年线上成交额度大幅降低，为什么？

社群第二春已经来临

很多人会问："第二春是什么？"

第二春通常指的是人在一定的年龄里在原先的基础上又对另一个人产生感情，这种情况一般发生在中年人身上，表示再次遇到了真爱，这也是一种可遇不可求的缘分。

在本书指的是运营社群的第二波机会又来临了。

这是因为在社群运营遇到巨大挑战的时候，这些活下来的社群机构将会迎来他们的春天。那些被淘汰社群里的用户，在这些社群消亡后，用户肯定要寻找更靠谱的社群。运营时间越长的社群给用户感觉就越靠谱，证明这个社群抗风险能力比较强。

如今社群运营最大的难题在哪里

最大的难题在于让顾客听课。现在的社群越来越多，课程越来越多，社群越来越泛滥，谁能够真正地解决这个难题谁就是最后的赢家。

不管如何，社群依然还延续着它的价值。不管社群如何泛滥，我们的微信用户基数一直都在，也就代表只要客源群体还在，我们的社群价值就在。

很多人就会问："我运作的社群最近一直很难成交，效果没有以前好了。"其实真实情况是社群成交量并没有下降，反而呈现井喷式上升，只是我们可能不知道社群的成交战场已经发生变化了，如今社群成交不在社群中，而在社群外。

社群真正的价值在哪里

大部分人运营社群那么久一直都没有明白，社群的价值在于给我们架起了一座友谊的桥梁。原本每个人都生活在自己的圈子里，但是微信社群出来之后，你就可以通过微信社群跟微信好友成为好朋友。

你跟客户的信任感起源于微信，现在你的目标就是把微信好友变成好友，然而把微信好友变成好友最好途径就是微信社群，所以微信社群强大的价值就是能够帮你把陌生人变成熟人。

所以如今的社群运营要从心开始、发自内心、用心运作。不管做什么事情，只要我们用心了就一定有效果。

我们在运营社群的时候一定要记住我们可以借助稿子，比如我们在讲课分享的时候。但是我们绝对不能依赖稿子，如果每次我们在社群里面分享都是单纯地把稿子读完，那是没有多大价值的。

因为客户能够感受得到我们的用心程度，所以我们在运营社群的过程中更多的是我们要学会融会贯通、持续更新，只有持续创新讲出自己的内容才是我们运营社群的最大竞争力。

群里的课程一定要以价值输出为主，以帮助别人解决问题为核心。但是大部分运营社群的人一上来就提成交，这让用户非常反感，这就是没搞懂社群真正价值在哪里的人，所以才会这样做。

真正搞懂社群价值在哪里的人，是不会太着急的，也没有那么强的目的性。当我们把我们该做的做好了，自然会得到我们想要的结果。

当我们真的把社群价值输出放在第一位置，我们跟顾客建立好了友谊的桥梁。那么在接下来的时间里，我们就可以转化变现，这样做我们就会实现共赢的局面。

社群成交不在社群之中，社群成交在社群之外，这是什么意思

用一句话说明：打通线上和线下是延续社群成交量核心关键。

要理解这句话，我们首先了解入口的重要性。为什么我们俱乐部能够在短时间之内突然崛起？为什么从刚刚开始只有十几个人到

如今拥有数万人的团队？为什么从借钱租办公室做后台到今天越做越大？为什么从不被看好到今天别人对我们刮目相看？这难道不是因为我们抓住了社群这个入口吗？

我们的俱乐部就是社群最大的入口。如果你做过其他公司的其他平台，你应该知道开发客户是非常困难的，如今拥有社群就完全不一样了。

我的预测，2018年是线下入口决战年。所有的公司包括互联网企业，不管线上怎么运作都将面临很多瓶颈，都会走到线下，去决战线下。最快能够帮你解决这个问题的就是把线上的资源引流到线下整合发展。

那么，我们要如何布局构建自己的线下入口呢？

在接下来的时间里，我们依然坚持以学习培训为主，线上搭桥建立信赖感，线下培训成交收钱。

想象一下，如果你在全中国前一百大城市建立自己的办公室，在办公室设置一个能够容纳五十个人左右的会场，每个月定期开线下会议。如果实在不能准备会场就在附近联系酒店也可以举办地面会议。

五十个人左右的小沙龙会议是非常好举办的，难度系数不大，成本不高，容易掌控。培养一百个讲师在全中国进行巡回演讲，当地的伙伴就负责邀约顾客来参加我们的沙龙会议，我们的讲师讲完课后就成交报名。

我们不断地举办小会议，打开线下入口，公司每个月开大会帮我们转化变现。这样不断地循环就一定可以把我们的团队打造起来。在线下我们建立不了超市，建立不了卖场，也建立不了商场作为入口，但是我们可以建立一个以俱乐部为依托的学习交流中心作为线下入口。

所以对于我们俱乐部的创新，我提出一个战略，就是一期线上社群，一期线下学习沙龙。

当我们开始启动社群的时候就开始布局沙龙，为沙龙召开做准备。在这里我们一定要明白社群主要是抓数据、搭建友谊桥梁；沙龙做深度链接、做小幅度成交，然后到大会收尾，同时内部会议培训来做服务裂变。

小型沙龙就是所有社群群主的主战场，每一个人都可以通过小型沙龙快速地成长成为一个真正的领导人。一个真正的领导人就是敢于走出去，敢于全面担当。只有担当多了伙伴才会慢慢地认可你，只有伙伴认可的领导人才是真正的领导人，同时小型沙龙可以激活外省的伙伴以此来打开外省市场的局面。

所以我提出了一个全国市场战略是：一个中心，多点开花。

沙龙可以让你运用一个中心，多点开花，点对中心。中心对点的原理，什么意思？

就是我们在一个城市召开沙龙，召开的沙龙多了团队就容易复制。顺势可以在这个城市的周边城市也召开沙龙，以一个中心为核心打开多个城市的市场。当你把这些地方的沙龙召开好了就形成一个一个的沙龙点，然后公司就可以在当地的省会城市开大会。

接着邀请这些客户来参加公司的大会帮你大量成交，再经过内部培训人才，培训回去之后又大量召开沙龙，如此往返多个来回我们就会发现团队壮大的速度变得非常快。

带着伙伴一起打江山，建立你的生死兄弟姐妹团队，一个战壕里走出来的生死兄弟姐妹，你怎么可能会带不动？

所以我们想要学会带好团队的最好方法就是跟团队一起并肩作战，必须要站在前端而不是后端。人人都喜欢一个总是带着他们打仗的领导，就好比我团队的何仁华，他经常带着他的团队出去举办沙龙会议。

举办小型沙龙会议最大的好处和优势就是举办难度系数不大，沙龙会议成本比较低，邀约力度大，老师讲课控场非常轻松，灵活有效果。但不管是举办小型沙龙会议还是大型会议，会议要举办成功的第一核心因素就是会议参会人数。

如果会议的参会人数没有保障，会议做得再好，也没有多大意义，这时团队合伙人的邀约水平就非常重要了。

接着我们只要注意几个点就可以召开沙龙会议，组织一场成功的沙龙：

对接好主讲老师，看主持人是否有档期；

确定召开沙龙会议的时间、地址、酒店；

同时可以安排相应的工作人员，比如音响、财务、接待、签到、检票、内场配合等；

准备好了就宣传邀约等待召开时间，时间到了就可以顺利召开沙龙会议。

然后一场完整的沙龙会议就举办成功了。

最后，运营社群绝对不是一个人的事情，是一群人的事情。

如果我们要运营社群，希望我们能够怀着一颗感恩的心做市场和对待伙伴。这样我们得到的助力会越来越多，我们的团队也会越来越大，公司也越来越大，事业才会越做越好。真正地实现合伙人赢、经销商赢、股东赢、公司赢、社会赢、国家赢、人类赢的多赢局面。